本成果受江苏省高校哲学社会科学研究重大项目资助：
高新技术产业科技政策对研发与创新的影响机制及其效应研究：
以江苏省为例（2020SJZDA046）

The Impact Mechanism and Effects of
Science and Technology Policies on R&D
AND INNOVATION IN
HIGH-TECH INDUSTRIES
A Case Study of Jiangsu Province

高新技术产业科技政策对研发与创新的影响机制及其效应研究

以江苏省为例

洪世勤　王玉璋　李星颖 ◎ 著

中国财经出版传媒集团

·北京·

序 一
PREFACE 1

当今时代全球科技竞争日益激烈，高新技术产业作为国家创新体系的核心支柱，已经成为推动经济增长、提升国际竞争力的关键引擎。我国高新技术产业的发展在国家战略层面具有重要意义，而政策的有效性则是推动这一产业持续健康发展的关键因素。江苏省作为我国经济发达地区，其高新技术产业的发展在全国具有代表性和示范意义。

本书围绕"高新技术产业科技政策对研发与创新的影响机制及其效应"这一主题，系统梳理了江苏省高新技术产业的特征、发展状况以及江苏省高新技术产业政策的演变，通过实证研究深入探讨了科技政策的有效性和实际效果，同时为进一步推进江苏高新技术产业的发展提出了政策建议。

本书以多维视角和多样研究方法，全面分析了江苏省高新技术产业及其研发创新的政策干预效应。首先，从微观角度探讨了江苏高新技术企业的创新能力和成长性；从中观角度评估了江苏高新技术开发区和国家自主创新示范区的发展成效与面临的问题；从宏观角度审视了江苏高新技术产业的整体发展态势。其次，采用文本分析法，详尽梳理了江苏省高新技术企业的优惠政策及其宏观政策特点，并通过对国内外典型案例的总结，提炼出成功经验和教训，为江苏省高新技术产业政策的优化提供了重要参考。

在实证研究部分，本书选取沪深两地上市的高新技术企业为样本，分析了政府创新补贴和税收优惠政策对企业研发投入和创新产出的影响，揭示了不同政策对不同类型企业的差异化效应。本书还创新性地探讨了"绿色信贷指引政策"对企业绿色创新的促进作用,构建了将高新技术产业政策与绿色信贷政策相结合的立体化分析框架,为政策制定者提供了实证支持。

此外,本书运用差异化分析法(DID)和合成控制法(SCM),深入研究了苏南国家自主创新示范区政策对城市创新效率和能力的影响,揭示了绿色创新效率在全国范围内的时空分布特征及地区间的收敛性。

总之,本书的研究不仅具有重要的理论价值,而且在现阶段推动江苏省高新技术产业提质增效的实践中具有重要的参考价值。本书在高新技术产业政策设计、高新技术与区域融合发展战略以及提质增效的宏观支撑方略等方面提出的相关政策建议,具有一定的启发性和可操作性。

希望本书能够为高新技术产业的研究者、政策制定者和产业实践者提供有益的启示和借鉴,为进一步推动我国高新技术产业发展和科技强国建设贡献一份力量。

2024 年 5 月

序 二
PREFACE 2

中国经济已经进入创新驱动发展的新阶段，加快创新能力提升、推动高新技术产业发展是中国经济社会发展面临的重要任务。近年来，为促进高新技术产业发展，国家各级部门和地方各级政府出台了一系列产业政策。但客观而言，从整体上看，中国高新技术产业的发展依然存在创新能力不足和政策支撑体系不完善的问题。深入分析中国科技政策和高技术产业的发展状况，揭示科技政策促进高新技术产业发展的有效性，对于完善科技政策和提升高新技术产业的竞争力具有理论和实践意义。

江苏创新型经济发展走在全国前列，高新技术产业发展增速和科技创新能力名列前茅。江苏促进高新技术产业发展的经验对于全国其他地区的产业政策制定和高新技术产业发展具有重要的参考价值。基于江苏在全国经济和创新活动中的地位，聚焦进一步推动江苏高新技术产业发展的政策研究对于全国创新型经济发展的作用也十分突出。

本书以"高新技术产业科技政策对研发与创新的影响机制及其效应研究：以江苏省为例"为题，系统探讨了科技政策对高新技术产业的影响。

本书包括以下内容。第一，较为系统地考察了江苏省高新技术产业的发展状况和各级政府部门促进高新技术产业发展的政策。本书介绍了江苏高新技术企业的引育情况、创新能力情况、高新技术开发区情况以及国家自主创新示范区的建设和发展情况，勾勒出一幅全面的江苏省高新技术产业图景。第二，剖析江苏培育和发展高新技术企业的政策特点，评价政策的实施效果和存在的问题。第三，实证检验政府创新补贴、税收优惠和绿色信贷政策对高新技术企业研发创新的影响。本书采用2008~2021年沪深两地上市的高新技术企业数据，运用计量分析模型，揭示了不同政策在不同类型企业中的效果差异，并结合江苏省与其他地区的数据进行对比分析。第四，实证检验苏南国家自主创新示范区政策对城市创新效率和能力的影响。通过差异化分析法（DID）和合成控制法（SCM），检验了自主创新示范区的设立对创新效率、绿色创新效率的时空分布及地区间的收敛性特征的影响。第五，提出了推进江苏省高新技术产业的政策建议。

本书在揭示江苏高新技术产业发展的成功经验的同时，也指出了江苏高新技术产业发展中所存在的相关政策问题。本书结构完整、内容丰富、论证比较严谨，研究方法有一定的创新性，对于进一步完善促进高新技术产业发展的科技政策具有参考价值，能够为高新技术产业的研究者、政策制定者和产业实践者提供有益的启示。

于泽平

2024年5月

目录
CONTENTS

第一章	绪论 / 001	
	一、研究背景	001
	二、研究意义	006
	三、研究创新与结构安排	008

第二章	江苏省高新技术产业特征事实分析 / 011	
	一、微观角度：企业引育出色，但创新能力仍需加强	011
	二、中观角度：园区做大做强，但产业协同凝聚能力有待提升	017
	三、宏观角度：整体向好发展，但区域协调统筹需要加速	025

第三章	江苏省高新技术产业政策演变分析 / 030	
	一、江苏省高新技术相关企业优惠政策梳理	030
	二、江苏省高新技术产业宏观政策特点梳理	039

第四章	政府创新补贴与税收优惠对高新技术企业研发创新的影响 / 043	
	一、创新补贴与税收优惠政策	043
	二、文献综述	046
	三、样本选择与数据来源	052
	四、实证分析	053
	五、研究结论与展望	079

第五章	绿色信贷政策与企业绿色创新 ——基于高新技术产业的异质性研究 / 082	
	一、绿色信贷政策	082
	二、文献综述	086
	三、数据与模型设计	090
	四、实证分析	093
	五、研究结论与展望	107

第六章	国家自主创新示范区政策兴起与地区研发创新 / 110	
	一、国家自主创新示范区政策	110
	二、文献综述	114
	三、创新效率测评	117
	四、苏南国家自创区政策对城市创新效率的影响	121
	五、地区创新能力评价	125
	六、苏南国家自创区对城市创新能力的影响	127
	七、绿色创新效率测度	136
	八、研究结论与展望	143

第七章	**国内外高新技术产业科技政策经验** / 146	
	一、行业发展案例——印度信息技术产业政策	146
	二、城市发展案例——深圳高新技术产业金融支撑	149
	三、区域发展案例——珠三角国家自主创新示范区 高新技术产业统筹方式	153

第八章	**提高江苏省高新技术产业科技政策实施效能的建议** / 157	
	一、高新技术产业政策设计策略	157
	二、高新技术与区域融合发展战略	165
	三、高新技术提质增效宏观支撑方略	172

参考文献 / 177

致谢 / 195

第一章
CHAPTER 1

绪　论

一、研究背景

(一) 高新技术辐射带动作用日益凸显

随着科技的不断发展，高新技术在推动全球经济发展中的重要性日益凸显，高新技术产业逐步成为世界各国的发展重点。我国历来重视科技创新，党的十九大报告中提出了创新、协调、绿色、开放、共享的新发展理念，并强调要"深化科技体制改革，建立以企业为主体、市场为导向、产学研深度融合的技术创新体系"。党的二十大报告进一步明确坚持创新在我国现代化建设全局中的核心地位，提出加快实现高水平科技自立自强，加快建设科技强国，并对完善科技创新体系、加快实施创新驱动发展战略等作出专门部署，为新时代科技发展指明了方向。

高新技术产业是推动经济发展、提高国家综合实力的重要引擎。根据国家统计局数据，2022年，规模以上高技术制造业增加值较上年增长7.4%，比规模以上工业增加值增速快3.8个百分点；天然气、水电、核电、风电等清洁能源在能源消费总量中的占比为25.9%，比上年提高0.4个百分点。在经济增长增速放缓的大背景下，高新技术产业仍然保持着较高的发展和增长速度，充分体现了科技与创新带来的巨大动能。

发展高新技术产业不仅可以提升经济效益，更能促进科技创新带动产业升级，对于推动我国经济社会高质量发展具有极强的正外部性。一方面，通过技术创新和智能化升级，高新技术产业可以带动传统制造业转型升级，提高生产效率和产品质量；另一方面，随着消费升级和产业升级的需要，高新技术产业的发展将不断催生新业态、新模式、新产品，这些新业态将带动其他产业的发展，创造更多的就业机会，促进经济社会的可持续发展。高新技术产业可以引领新兴服务业的发展，如电子商务、在线教育、远程医疗等。高新技术产业的快速发展不仅创造了大量的就业机会，还带动了上下游产业的发展。例如，5G 技术的应用推广就极大地推动了相关产业链的发展，包括通信设备、终端设备、网络设备等。传统产业的转型升级和新兴产业的提质增效，蕴含着巨大的经济和社会效益，对我国实现高质量发展目标和实现共同富裕具有重要推动作用。

因此，加强创新驱动和产业结构调整及转型升级，应当推动高新技术产业进一步发展，提高科技创新能力，通过科学化精准化的高新技术产业政策更加有的放矢地带动相关产业的发展，促进就业和经济增长。

（二）高新技术产业发展具有重要的国家战略意义

2023 年 4 月，二十届中央全面深化改革委员会第一次会议审议通过了《关于强化企业科技创新主体地位的意见》，明确指出"强化企业科技创新主体地位，是深化科技体制改革、推动实现高水平科技自立自强的关键举措"。建设高水平科技强国，离不开高新技术企业及其政策的合理规划与发展。高新技术产业作为科技创新的重要载体，其发展直接关系到我国科技实力和国际地位的提升。

一方面，在后新冠疫情时代，全球产业链和供应链面临重构，高新技术产业和企业面临着机遇与挑战。随着数字化、智能化和自动化技术的快速发展，高新技术产业有望得到更广泛的应用，为企业带来增长机会。此外，新冠疫情对全球生产生活方式产生了很大的影响，许多行业和企业迫切需要更多的数字化解决方案和在线服务，这为高新技术企业提供了广阔的市场拓展空间。然而，新冠疫情也带来了诸多挑战。新冠疫情对全球经济造成的严重冲击尚未完全消弭，市场需求下降、投资紧缩的问题并未得到充分缓解，企业面临着融资困难和现金流压力，此外，全球供应链遭受的重大冲击也给高新技术产业的跨越式发展带来了难度。实现高水平科技自立自强是国家强盛和民族复兴的战略基石。

另一方面，新冠疫情、俄乌冲突、日本核废水排放和巴以冲突等系列事件对全球的影响警示我们，在波诡云谲的国际局势和地区冲突中，必须牢牢把握国内国际双循环的发展格局，高水平科技自立自强具有重大战略意义和全局意义。在全球科技竞争加剧的背景和压力下，我国必须加快科技创新步伐，掌握关键核心技术，推动我国科技实现从跟跑向并跑、领跑的转变。此外，随着信息化、智能化的发展，高新技术产业在军事、安全、金融等领域的应用越来越广泛，高新技术产业是维护国家安全和提升国家竞争力的重要支撑，加强高新技术产业的安全可控，对于维护国家安全和提升国家竞争力具有不可替代的作用。

因此，我国必须进一步提升高新技术行业的发展水平，提高产业链的自主性、延展性和可持续性，从而在国际竞争中保持相对优势和核心竞争力。

（三）高新技术产业科技政策有效性尚未明确

随着技术革新日新月异，企业创新也日益重要，如何促进创新成为企业和政府共同关注的话题。作为创新的重要载体，高新技术产业和高新技术企业是创新活动的重要承担者和推动者。然而，由于创新过程面临的复杂风险和不确定性，企业在进行创新活动时往往面临着资金和资源瓶颈，这给企业的存续和研发活动的开展带来了较大挑战。

高新技术企业是推动高新技术产业发展的关键主体，高新技术产业科技政策则是激发主体活力的重要推力，为了调节市场失灵和弥补企业创新活动中的正外部性，政府往往对于相关产业长期实施产业政策。产业政策包括政府为了地区发展所采取的各种有意识的政策措施，如关税、贸易保护开发政策、税收优惠、工业园和进出口加工区、研发工作中的科研补贴、垄断和特许、政府采购及强制规定等。为了促进高新技术产业的发展，我国政府出台了一系列产业政策，包括财政补贴、税收优惠、政府采购等。长期以来，我国对于高新技术企业和高新技术产业实施着稳定的优惠政策，包括但不限于研发费用加计扣除等，推动开辟发展新领域新赛道，不断塑造发展新动能新优势。

然而，当前我国高新技术发展还面临着一些问题和挑战。虽然我国GDP在过去几十年里快速增长，但高新技术产业的贡献占比仍然偏低。首先，缺乏突破性创新和探索性创新，许多"卡脖子"技术难题尚未得到完全疏解，尽管我国在某些领域已经取得了重要的科技创新成果，但在一些关键领域的关键技术上还存在明显的短板和不足，因此对于国际上某些发达国家垄断的科研成员和科研资源仍有一定的依赖性，国家科技的发展仍然面临隐性风险，需要进一步加强创新能力和技术积累。其次，缺少龙头代表性企业形成创新梯队。目前，我国高新技术产业中的企业数量众多，但缺少具有国际竞争力的大型企业和具有创新引领作用的代表性企业，作为高新技术产业发展核心的高新技术企业的创新性和创造力尚未得到充分的激发与施展，企业的自主创新意识和能力均有待加强，这将会影响产业的整体发展质量和未来水平。在进一步解决和突破这些问题的过程中，高新技术产业科技政策的优化将发挥重要作用。

因此，在我国高新技术产业发展过程中，各级各类政府部门所制定的高新技术产业科技政策是否科学有效，成为学界、企业和政府共同关心的重点问题。需要在制定和实施高新技术产业政策的过程中不断进行评估和调整，确保政策的有效性和可持续性。

（四）江苏省高新技术发展亟待提质增效

作为我国东部沿海发达省份，江苏省高新技术产业的发展近年来取得了重大成效。江苏省经济综合竞争力居全国前列，与上海、浙江、安徽共同构成的长三角城市群已成为六大世界级城市群之一。《2023年江苏省人民政府工作报告》显示，2022年江苏省地区生产总值达12.3万亿元，位居全国第二，仅次于广东省。根据国际权威品牌价值评估机构GYbrand发布的2022年中国百强城市榜单，随着宿迁跻身全国百强城市行列，江苏省13个城市全部入选2022年中国百强城市排行榜，上榜城市数量与广东省并列第一，上榜率则位居各省之首。江苏省进一步提出，力争到2025年高新技术产业占规模以上工业产值比重达50%。[①] 企查查大数据研究院联合首都科技发展战略研究院发布的《中国"抢企大战"城市地域全景报告》显示，2018年至2023年3月，我国累计有2324家高新技术企业跨省迁移，其中超六成落地江苏省。凭借自有产业资源优势以及高新技术产业基础建设，江苏对科技型企业展现出强劲的吸引力。高新技术企业集聚江苏，一方面体现了江苏对于科技型产业的招商力度大，产业发展信心强；另一方面展现出江苏关联产业基础稳固，资源、底蕴深厚，对于新兴产业的落地具备出色的承接能力。与此同时，这也对江苏省高新技术产业科技政策的有效性提出了更高的要求和挑战。高新技术企业作为发展战略性新兴产业的重要载体和中坚力量，在各自领域具有较强的技术创新能力与高端技术开发能力，享受国家各项优惠政策以及各级政策补贴、金融贷款政策与人才引进政策。江苏省迫切需要真正统筹好一系列政策的作用，真正释放系列政策的最大合力。

目前，江苏省处于经济转型关键期，需要寻找新的经济增长点，面临高新技术企业数量众多但缺少具有国际竞争力的大型企业和具有创新

---

① 江苏省人民政府新闻办公室新闻发布会，2023年6月27日。

引领作用的代表性企业,完善的科技创新体系和高端人才资源尚未进一步转化为高新技术产业发展的有力支撑,苏南、苏中、苏北各地区之间高新技术产业发展差异较大,与长三角地区其他省市的合作协同发展和资源共享程度有待加强等挑战。只有切实调整和优化高新技术产业科技政策,提升政策对于研发和创新的推动效率以及对江苏省新兴产业壮大发展的轮动效能,才能真正将大量迁入的高新技术企业转化为地区产业发展新动能,支撑地区经济长期稳定高质量发展并最终形成良性循环,为建设"强富美高"的新江苏提供有力的长期保障。

二、研究意义

(一) 理论意义

1. 丰富关于产业科技政策有效性的相关研究

林毅夫和张维迎曾围绕产业政策制定和政府决策后发优势展开争论。林毅夫认为以我国为代表的后发国家需要政府发现和扶持企业的比较优势,否则市场可能无效;而张维迎则认为没有国家和政府参与,市场可能变得更好,政府应该减少对市场的干预,避免后发优势转变为后发劣势。① 后续学术界的争论也主要围绕这两个观点进行。一些研究表明,财政补贴和税收优惠等措施可以显著提高高新技术企业的盈利能力和研发投入。但是,也有一些情况下,产业政策的效果并不明显。例如,一些地方政府为了追求短期政绩,可能会盲目上马一些不切实际的重大项目,导致资源浪费和企业经营不善。此外,一些政策由于执行不到位或者与其他政策相互抵触,也难以发挥预期的效果。我们将通过系列实证研究,使用全国和江苏省的最新数据,对技术产业相关政策的有效性进行进一步验证和异

---

① 产业政策中的市场与政府——从林毅夫与张维迎产业政策之争说起 [J]. 财经问题研究, 2018 (1): 33-42.

质性分析，从而更加精准地回答产业科技政策是否有效这一问题。

2. 为高新技术产业科技政策的研发和创新效应评估提供经验证据

目前全世界对于高新技术产业科技政策的评估仍然比较分散和独立。本书对高新技术产业科技政策对于研发和创新的影响效应进行了细致的评估和分析。关注到高新技术产业/高新技术企业并非与其他产业/企业隔离开来的单独样本，因此，在对高新技术产业政策设计的评估中，本书不仅对高新技术企业本身的创新补贴和税收优惠及二者之间的关系进行了探讨，也涵盖了并非专门针对高新技术企业但会对高新技术企业产生影响的绿色信贷政策和以苏南国家自主创新示范区为代表的宏观政策对于创新的影响。通过丰富、立体化的分析，为高新技术产业科技政策对于研发和创新的作用机制以及效果评估提供了更为翔实的经验证据。

（二）现实意义

1. 促进江苏省高新技术产业科技政策优化

通过研究高新技术产业政策对创新的作用，可以深入了解政策在实施过程中产生的效果和问题，为政策的优化提供科学依据。在系统分析的基础上，从高新技术产业科技政策的设计、高新技术与区域融合协调政策的配合以及宏观环境政策的支撑统筹三个维度，提出江苏省促进高新技术相关政策优化的具体建议，形成一套较为完善的政策优化思路，为政策的调整和改进提供有的放矢的经验和建议，有助于提高政策的针对性和有效性。

2. 助力高新技术产业科技政策更好推动产业和地区发展

本书借由丰富翔实的数据，剖析了江苏省高新技术产业发展现状以及政策制定特点，并在此基础上研究高新技术产业政策对创新的作用，深入了解政策对产业发展的影响机制和效应。通过分析政策在促进创新活动、提升企业创新能力、推动产业升级和转型等方面的作用，进一步剖析高新技术产业科技政策作用于研发和创新的具体路径和机制，有助于政策更加精准地满足产业发展的需求，推动高新技术产业及其上下游产业的进一步发展，有效提升高新技术产业本身的发展质量以及其对其他产业的辐射带动作用；进一步激发江苏省整体动能，促进江苏各地区内部经济和高新技术协同发展，释放苏南国家自主创新示范区最大活力。

3. 为其他产业和地区发展提供参考借鉴

作为我国东部沿海地区的发达省份和全国高新技术产业发展走在前列的区域，江苏省高新技术产业的发展及产业科技政策的制定，对于我国其他产业和其他地区的发展，也具有较大的参考意义。特别是作为长江经济带的重要组成部分以及国家自主创新示范区的重要代表，江苏省高新技术产业的政策制定和优化，将为长江经济带的其他城市以及我国其他国家自主创新示范区的科学制策和精准施策提供有效借鉴。

三、研究创新与结构安排

（一）研究创新

1. 研究方法的创新

在研究方法上，在进行特征事实分析的过程中，本书使用了文本分析法，就江苏省高新技术产业相关政策文本的词频和词性进行了进一步分析，更加直观地展示了不同阶段高新技术产业科技政策的不同重点和演变方式；在进行实证分析的过程中，巧妙地利用了苏南国家自主创新示范区这一自然实验，更加精准地探究了国家自主创新示范区政策的创新效率和创新能力推动效果。

2. 研究对象的创新

本书的主要研究对象为江苏省的高新技术产业。具体而言，包括高新技术企业和高新技术产业科技政策。在以往的研究中，学者们针对江苏省的量化研究较少，本书是较早对江苏省高新技术产业科技政策进行量化研究的成果，分别在企业微观层面和区域宏观层面上进行了细致的探讨。

（二）结构安排

本书结构安排如下。

第一章为绪论。本章首先介绍了本书的研究背景和研究意义，进一步对本书的研究创新点进行了总结，最后介绍了本书的章节安排和框架。

第二章、第三章是实证分析。其中，第二章分别从企业微观角度、园区中观角度、区域宏观角度总结了江苏省高新技术企业发展的优势与问题；第三章通过政策梳理和文本分析总结了江苏省微观和宏观层面高新技术产业科技政策的演变，总结出江苏省高新技术产业科技政策的相关特点。

第四章、第五章、第六章也是实证分析。其中，第四章围绕创新补贴和税收优惠这两类针对高新技术企业的典型政策进行实证研究，分别探析它们是否能够促进企业的研发与创新，以及二者之间是否存在遮蔽效应和叠加效应；第五章则探讨了以绿色信贷政策为代表的一般性政策对于高新技术企业和其他企业作用效果的差异；第六章进一步分析了国家自主创新示范区这一宏观政策对于区域内城市创新效率和创新能力的影响，并通过苏南国家自主创新示范区这一实验进行了重点探究。

第七章是案例分析。通过印度信息产业发展、深圳市高新技术产业发展和珠三角地区高新技术产业发展的行业、城市和区域案例总结出相关启示。

第八章，根据以上分析结果，结合高新技术产业发展现实，从政策设计层面、区域协调层面和宏观支撑层面对江苏省高新技术产业科技政策的制定提出了针对性的建议。

本书技术路线如图1-1所示。

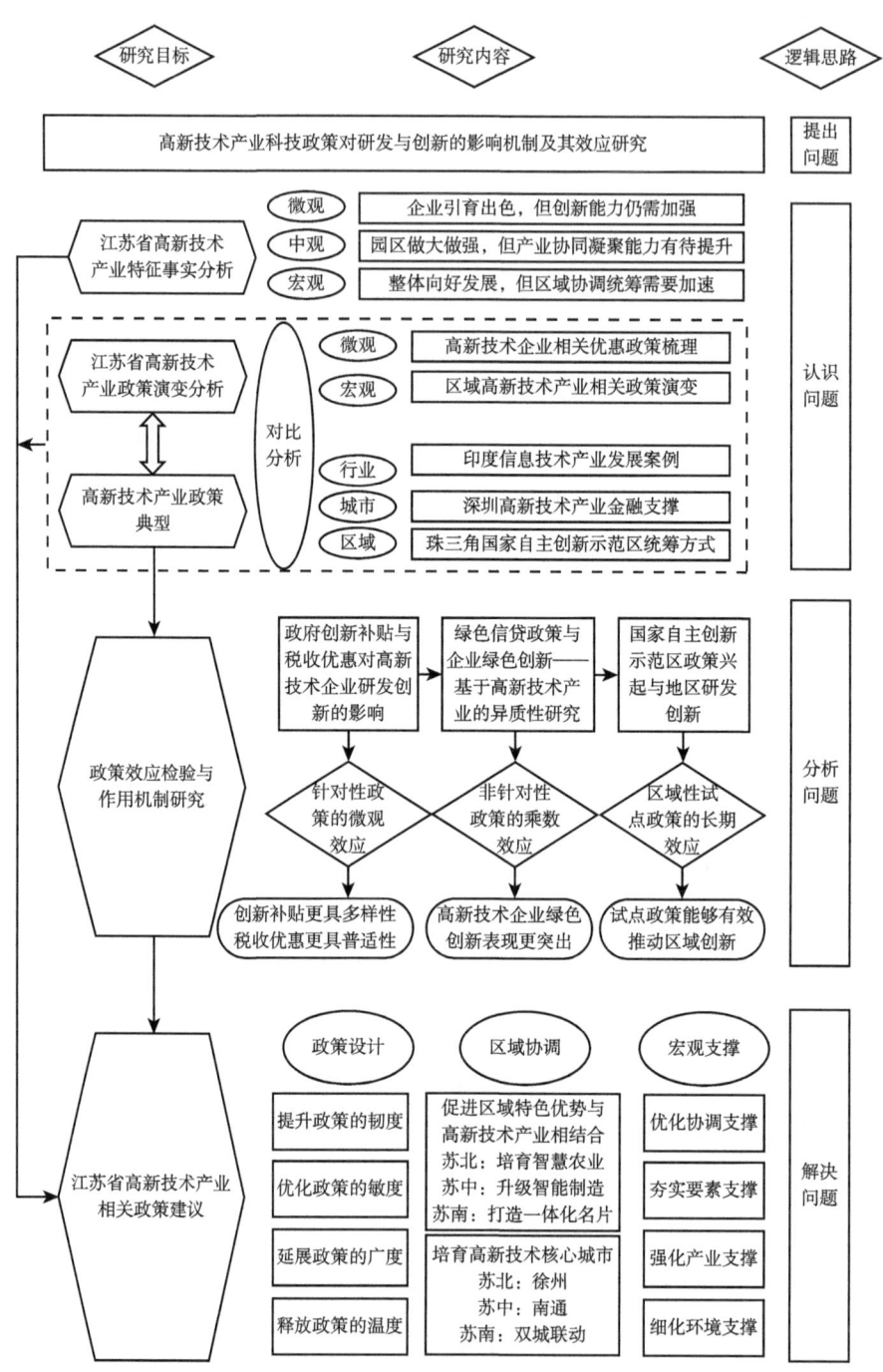

图 1-1 技术路线

第二章

CHAPTER 2

江苏省高新技术产业特征事实分析*

一、微观角度：企业引育出色，但创新能力仍需加强

(一) 江苏省高新技术企业引育取得突出成就

1. 高新技术企业数量与质量取得突破

截至2022年底，江苏省高新技术企业数超过4.4万家，位居全国第二，是2018年的近2.5倍，成为江苏省经济转型升级和高质量发展的重要支撑。2022年，江苏省高新技术企业获得发明专利授权3.9万件，拥有有效发明专利21.5万件，全省超过80%的省级以上工程技术研究中心、76%的企业重点实验室建设在高新技术企业。江苏省2022年公布的独角兽企业中，54%是高新技术企业。江苏省有102家高新技术企业在科创板上市，占全国科创板上市企业比例近19%。江苏省60%以上的关键核心技术攻关项目和85%以上的科技成果转化项目由高新技术企业承担。经过科技项目支持和企业自主研发，2019年以来，江苏省164个瓶颈技术中，已有40项技术实现突破，80项技术部分突破，

---

* 如无特别说明，本章数据均来自《中国统计年鉴》《江苏统计年鉴》《江苏省国民经济和社会发展统计公报》等公开资料。

26项技术取得进展。

2. 高新技术企业抗风险能力增强

2022年,江苏省上市公司整体业绩表现良好。江苏660家A股上市公司中有109家出现亏损,占比16.51%,在2021年复杂的环境下,绝大多数公司顶住了压力,有63家上市公司归母净利润增速超过100%,其中,中天科技、天华新能等高新技术产业相关企业表现亮眼,说明江苏省高新技术企业具备了一定的风险应对和承担能力(见表2-1)。

表2-1　　江苏省上市企业归母净利润前十强(2022年)

序号	证券代码	证券简称	归属母公司股东的净利润[报告期]2021年年报[报表类型]合并报表	归属母公司股东的净利润(同比增长率)[报告期]2021年年报[单位]%
1	605333.SH	沪光股份	0.4107	3 988.0279
2	688337.SH	普源精电	0.9249	2 472.8722
3	600522.SH	中天科技	32.1381	1 663.9762
4	603787.SH	新日股份	1.6217	1 326.2475
5	002519.SZ	银河电子	1.9578	1 263.9716
6	300390.SZ	天华新能	65.8579	623.1596
7	002947.SZ	恒铭达	1.9303	517.4281
8	603929.SH	亚翔集成	1.5054	503.6748
9	603519.SH	立霸股份	5.6458	413.9465
10	300970.SZ	华绿生物	0.7825	404.7048

资料来源:Wind数据库。

3. 高新技术企业迁入综合引力提升

从总量来看,江苏省对高新技术企业的迁入引力突出。自2018年以来,我国共有4 439家高新技术企业进行了迁址(见图2-1)。在2 324家跨省迁移企业中,超过60%的企业选择了江苏省作为新址。江苏省凭借其丰富的自有产业资源和高新技术产业基础建设优势,在企业净流入量排名中独占鳌头,展现出对科技型企业的强大吸引力。科技型企业的不断涌入为地区产业发展注入了新的动力;与此同时,江苏省的产业资源和基础稳固,具备了出色的承接新兴产业的能力。高新技术企业集聚,一方面体现了江苏省对科技型产业招商的决心和信心,另一方面也显示出江苏省关联产业基础的稳固性和深厚的资源底蕴。

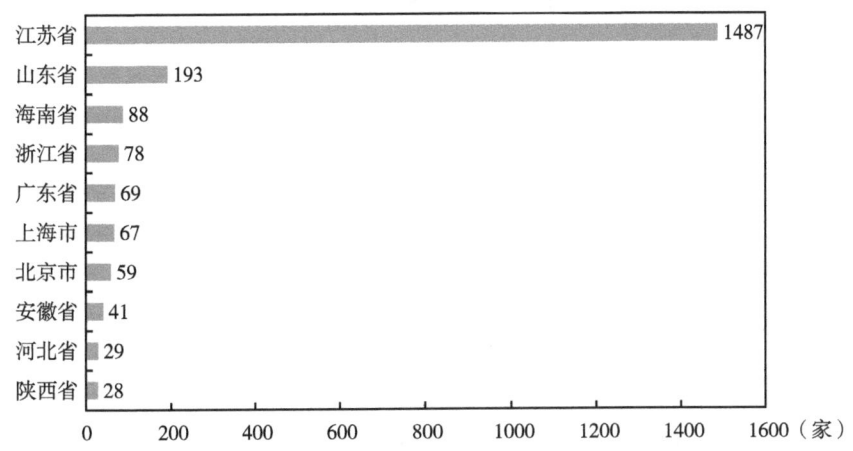

图 2-1 2018~2022 年各地区高新技术企业迁入数量

资料来源：企查查。

从细分领域来看，江苏省在高新技术前沿的引力均衡。对高新技术产业中人工智能、智能硬件、机器人、交通运输、先进制造、大数据、物流仓储、电子商务、物联网、医疗 10 个前沿领域进行企业迁移数据分析，发现自 2018 年以来，合计有 3 233 家企业跨省迁移，江苏成为各新兴产业中落户企业数量占比最大的省份。其中，物联网产业跨省迁移 14 家企业，有 6 家择址江苏，占比 42.9%；先进制造产业跨省迁移 237 家企业，有 100 家企业落地江苏，占比 42.2%；机器人产业跨省迁移 303 家，迁往江苏省的有 124 家，占比 40.9%；其余新兴产业迁往江苏省的企业数量占比均匀分布在 15%~34% 之间（见表 2-2）。

表 2-2 　　　　　2018~2022 年江苏省迁入高新技术企业细分领域占比

排序	细分领域	江苏省迁入占比（%）	排序	细分领域	江苏省迁入占比（%）
1	物联网	42.9	6	人工智能	30.3
2	先进制造	42.2	7	大数据	29.4
3	机器人	40.9	8	物流仓储	19.0
4	电子商务	34.0	9	交通运输	17.0
5	智能硬件	33.3	10	医疗	15.3

资料来源：企查查。

(二) 江苏省高新技术企业创新能力相对较弱

1. 头部企业创新能力不突出

然而，在引进和培育企业成功的背后，江苏省企业的发展和创新也存在着隐性问题，主要表现为缺乏创新驱动型的大企业和整企业，企业的突破性创新和整体创新程度不高。这使得江苏省在高新技术的发展和企业的发展上，存在着高原频现但高峰难出的问题。

浙江大学发布的《2023 中国上市公司创新指数报告》指出，2022 年江苏省共拥有创新创业指数 500 强企业 68 家，仅次于广东省（见图 2 - 2）。2022 年，共有 10 个城市拥有不少于 10 家创新指数 500 强企业，分别为北京市、上海市、深圳市、杭州市、广州市、苏州市、无锡市、成都市、南京市、天津市（见图 2 - 3）。

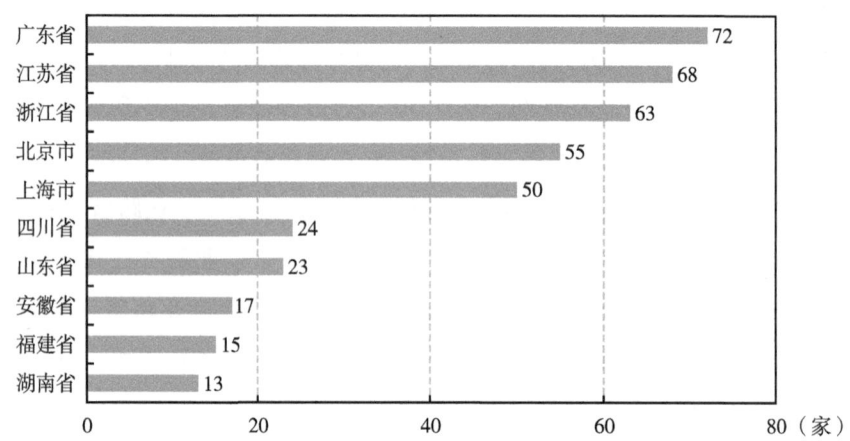

图 2 - 2 2022 年拥有上市公司创新指数 500 强企业数量前十强省份
资料来源：《2023 中国上市公司创新指数报告》。

在总量表现亮眼的同时，值得注意的是，在城市层面江苏省的苏州市、无锡市、南京市分别排名第 6 位、第 7 位和第 9 位，尚未有城市跻身前 5 名，头部城市对于创新型企业的吸引仍然有一定的提升空间；常州市拥有创新创业指数 500 强企业 7 家，镇江市、泰州市和南通市则均拥有创新创业指数500强企业4家,进入创新创业指数上榜城市前30强,但相对排位仍然较低;苏北地区尚未有城市跻身前30强,显示出上市公司的创新能力仍不够突出和拔尖。

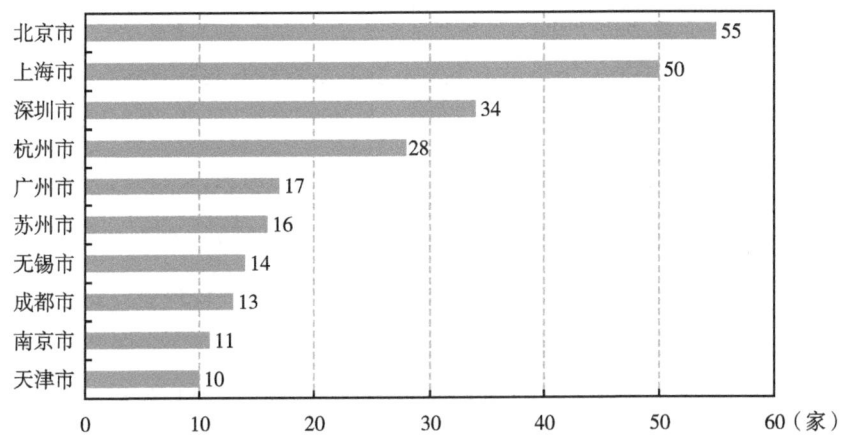

图2-3　2022年拥有上市公司创新指数500强企业数量前十强城市
资料来源:《2023中国上市公司创新指数报告》。

中国企业联合会、中国企业家协会发布的"中国大企业创新100强"榜单显示,前20名中,只有江苏恒瑞医药股份有限公司(第5名)进入榜单(见表2-3)。南方周末发布的"2022年中国企业科创力100强榜单"也从侧面印证了这一点,其中,江苏省排名最好的是来自连云港的恒瑞医药,排在第30名,在前100强的全部榜单中,只有连云港的恒瑞医药(第30名)、南京的国电南瑞(第41名)和无锡的药明康德(第54名)3家企业上榜。

表2-3　　　2022年中国大企业创新前20强

排名	公司名称	得分	排名	公司名称	得分
1	华为投资控股有限公司	95.00	7	中国信息通信科技集团有限公司	74.84
2	中兴通讯股份有限公司	86.28	8	正大天晴药业集团有限公司	73.53
3	美的集团股份有限公司	79.11	9	中国石油化工集团有限公司	72.66
4	中国航天科工集团有限公司	78.37	10	TCL科技集团股份有限公司	70.22
5	**江苏恒瑞医药股份有限公司**	**77.12**	11	上海韦尔半导体股份有限公司	69.85
6	上海华虹(集团)有限公司	75.46	12	浙江大华技术股份有限公司	69.63

续表

排名	公司名称	得分	排名	公司名称	得分
13	荣耀终端有限公司	69.38	17	珠海格力电器股份有限公司	69.01
14	中国中车集团有限公司	69.35	18	中国移动通信集团有限公司	68.93
15	中国石油天然气集团有限公司	69.27	19	中国建筑股份有限公司	68.60
16	新华三信息技术有限公司	69.05	20	中国五矿集团有限公司	68.30

资料来源：中国企业联合会、中国企业家协会。

2. 成长型企业创新能力不突出

从赛迪科创发布的《赛迪科创独角兽百强（2022）》来看，虽然江苏省在科创独角兽百强企业数量上处于第一梯队，但其科技城百强和专精特新"小巨人"企业的数量相对来说排名较差（见图2-4）。以代表性城市苏州、南京和常州为例，其科技城百强企业数量之和仅相当于杭州的一半，与青岛、宁波和嘉兴等城市相比优势也不够突出，常州市2022年甚至没有拥有任何科技城百强企业；在全国专精特新企业数量上，苏州、南京和常州三市中没有任何一个城市的企业数量超过50个，低于青岛、广州和杭州的表现水平，三个城市的专精特新"小巨人"企业数量之和甚至低于宁波或深圳单个城市的"小巨人"企业数量。

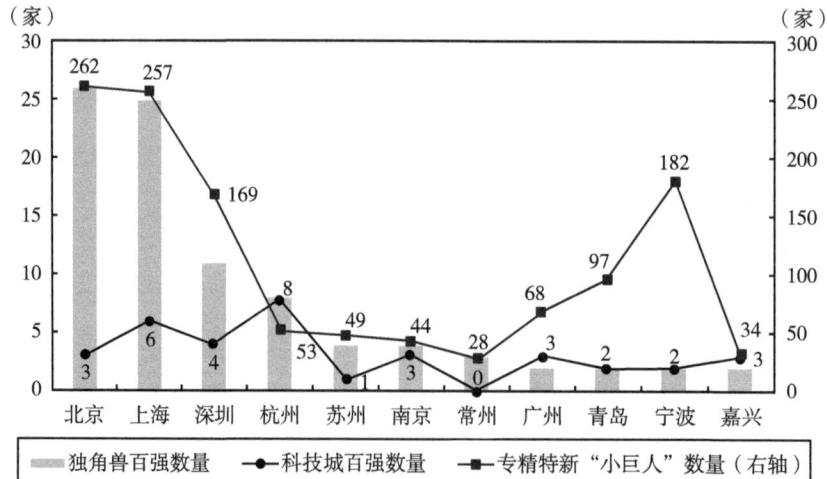

图2-4　2022年各地区独角兽百强、科技城百强与专精特新"小巨人"数量
资料来源：赛迪科创。

上述两方面的数据均表明，江苏省目前尚未培育出具备典型和突出科研创新能力的企业以及企业梯队，在科创前沿领域拥有的话语权较少，江苏省企业的核心科创能力仍然有待加强。离开核心创新、自主创新和探索式创新，高新技术企业和产业的发展最终将成为无根之木、无源之水，无法为区域的创新驱动和跨越式发展注入恒久动力。目前，江苏省已经承接了来自全国各地迁移的超过半数的高新技术产业企业，如何合理布局激发这些迁移企业和原有企业的自主创新能力，是提振江苏省未来高新技术企业和高新技术产业发展的核心问题。

二、中观角度：园区做大做强，但产业协同凝聚能力有待提升

高新技术产业发展的一个重要特点是会形成产业集聚，产业集聚最终表现为不同类型的园区形式。通过对高新技术产业相关园区的类型进行梳理，我们总结了专业型、综合型和特色型三大主要的园区类型。其中，高新技术开发区与高新技术的连接最为紧密，自主创新示范区则以改革和试点先行最具特色（见表2-4）。江苏省拥有众多的高新技术开发区和苏南国家自主创新示范区，我们将结合这两类园区的实践经验进行具体分析。

表2-4　　　　　高新技术产业相关园区的类型和基本介绍

大类	名称	具体介绍
专业型	高新技术开发区	各级政府批准成立的科技工业园区，是以发展高新技术为目的而设置的将科研、教育和生产结合的综合性基地。依托于智力密集、技术密集和开放环境，依靠科技和经济实力，吸收和借鉴国外先进科技资源、资金和管理手段，通过实行税收和贷款方面的优惠政策及各项改革措施，实现软硬环境的局部优化，最大限度地把科技成果转化为现实生产力
	经济技术开发区	以发展知识密集型和技术密集型工业为主的特定区域。以增加区域经济总量为直接目标，以外来投资拉动为主，产业以制造加工业为主

续表

大类	名称	具体介绍
综合型	特色工业园区	各地政府根据城镇发展规划和区域特色经济，利用当地已形成的、支撑块状经济优势的、具有一定规模的行业、企业、产品、原材料市场、专业营销队伍等产业链集聚地
	大学科技园	以具有科研优势特色的大学为依托，将高校科教智力资源与市场优势创新资源紧密结合，推动创新资源集成、科技成果转化、科技创业孵化、创新人才培养和开放协同发展，促进科技、教育、经济融通和军民融合的重要平台和科技服务机构
	科技城	基于高科技制造业和信息业的第四产业中心。科技城的组成部分通常包括本地公司、大学、金融机构和公共研究组织
特色型	自主创新示范区	在推进自主创新和高技术产业发展方面先行先试、探索经验、作出示范的区域。对于进一步完善科技创新的体制机制、加快发展战略性新兴产业、推进创新驱动发展、加快转变经济发展方式等，将发挥重要的引领、辐射、带动作用

资料来源：根据公开资料整理。

（一）高新技术开发区层面

1. 建设成效

（1）园区实现全覆盖。在高新技术园区（以下简称"高新区"）的建设方面，江苏省共有国家高新区18家，数量位居全国第一，是全国首个实现国家高新区设区市全覆盖的省份，其中，苏南地区（南京、苏州、无锡、常州、镇江）共计10家，苏中地区（扬州、泰州、南通）共计3家，苏北地区（徐州、连云港、盐城、淮安、宿迁）共计5家（见表2-5）。到2022年，江苏省国家级高新园区实现瞪羚企业全覆盖，集聚75.78%的瞪羚企业。

表2-5　　　江苏省国家级高新技术开发区基本情况

高新区名称	批准时间	主导行业	所属区域
南京高新区	1991.03	软件、电子信息、生物医药	苏南
苏州高新区	1992.11	电子信息、装备制造、新能源	苏南
无锡高新区	1992.11	电子设备、电气机械器材	苏南

续表

高新区名称	批准时间	主导行业	所属区域
常州高新区	1992.11	装备制造、新材料、光伏	苏南
苏州工业园	1994.02	电子信息、机械制造、生物医药、人工智能、纳米技术	苏南
泰州医药高新区	2009.03	化工、电子信息、生物医药	苏中
昆山高新区	2010.09	电子信息、机器人、装备制造	苏南
江阴高新区	2011.06	新材料、微电子集成电路、医药	苏南
武进高新区	2012.08	电子设备、电气机械器材、通用设备	苏南
徐州高新区	2012.08	通用设备、电子设备、汽车	苏北
南通高新区	2013.12	通用设备、交通运输设备、纺织服装鞋帽	苏中
镇江高新区	2014.01	船舶及配套、通用设备、电器机械器材	苏南
盐城高新区	2015.02	智能终端、装备制造、新能源	苏北
连云港高新区	2015.02	装备制造、软件及信息服务	苏北
扬州高新区	2015.09	数控装备、生物技术、光电	苏中
常熟高新区	2015.09	通用设备、计算机、电子设备	苏中
宿迁高新区	2017.02	新材料、装备制造、电子信息	苏北
淮安高新区	2017.02	电子信息、新能源汽车及零部件、装备制造	苏北

资料来源：根据公开资料整理。

（2）园区综合实力强。根据科技部火炬中心发布的2022年度国家高新区综合评价结果，苏州工业园区较上一年度提升3个名次，创下历史最好水平，同时也是前10强中唯一的地级市高新区。苏州工业园区发布消息称，根据国家高新区综合评价结果，园区一级指标"开放创新和国际竞争力"居全国首位，创新能力和创业活跃度、绿色发展和宜居包容性居第3位。"2022年中国省级开发区高质量发展百强榜单"中，江苏省是入选园区最多的省份，有15个园区入选，且在前10强中占据5席。据江苏省统计局数据，2022年，江苏54家省级以上高新区以占全省6.2%的土地面积，创造了全省40%的工业产值、54%的高新技术产业产值，成为江苏最具竞争力的创新高地和产业高地。

2. 现存问题

（1）高新区创新驱动发展不够有力。在江苏省高新区的发展过程中，许多高新区聚集了相对传统的高新技术产业，以电子、汽车、化工等为主，而在新兴的高新技术产业领域，如人工智能、生物技术、新能源等，产生的代表性企业数量较少；高新技术产业发展的应用场景需要进一步开发，许多高新技术产业仅是在高新区内部获得了一定发展，而没有在全省乃至全国范围内形成比较广泛的应用，缺乏代表性的企业；在整体上，部分相邻区域的高新区之间存在较强的同质性，高新区内部和高新区之间的联系不够紧密，对于其他产业和其他区域的辐射带动能力也需要进一步加强。

（2）高新区分布和发展不平衡问题突出。苏中和苏北地区，在高新区数量和发展质量上与苏南地区存在着显著差异。以国家级的高新区为例，截至 2022 年，整体上苏南地区获得了更多的政策支持，苏州以 3 个高新区遥遥领先，苏州工业园区连续多年在全省开发区创新驱动高质量发展综合评价中获评第一；南京、常州、无锡、镇江等苏南区域的经开区和高新区发展成效也较为突出。苏中及苏北地区由于受到国家宏观政策倾斜的影响和自身建设水平、市场、金融发展等各种条件的制约，在江苏国家高新区创新资源集聚过程中，呈现出相对较缓的发展水平，整体绩效和发展不如苏南地区。被誉为"苏中硅谷"的江苏如皋高新区位列苏中苏北省级高新区第一，但在省级高新区排名中仅排在第 4 位。苏中和苏北地区的高新区相对于苏南地区成立时间也较晚，最早的泰州高新区的获批时间是 2009 年，比全省最早获批的南京高新区晚了 18 年左右，目前的发展尚不十分充分。

（二）国家自主创新示范区层面

1. 建设成效

从更大的空间维度考察，国家自主创新示范区是高新技术产业相对密集且应用场景更广的主体，江苏苏南国家自主创新示范区则是其中的典型代表。自 2006 年江苏省提出"创新驱动"战略以来，苏南地区积极响应并持续推进国家自主创新示范区的建设。2009 年，科技部正式批复同意在苏南地区建设国家级自主创新示范区。2014年11月，国务院正式批复，同意支持南京、苏州、无锡、常州、昆山、江阴、武进、镇江等8个高新技术产业开发区和苏州工业园区建设苏南国家自主创新示范区，这是我国成立的第5个自主创新示范区，也是我国首个以城市群为基本单元的国家自主创新示范区。批复指出，要充分发挥苏南地区科教人才优势和开发开放优势，积极开展激励创新政策先行先试，激发各类创新主体活力，加快科技成果转移转化，提升区域创新体系整体效能，努力把苏南国家自主创新示范区建设成为创新驱动发展引领区、深化科技体制改革试验区、区域创新一体化先行区和具有国际竞争力的创新型经济发展高地。

从创新主体培育角度来看，苏南国家自主创新示范区初步搭建起500强企业、上市公司、高新技术企业和科技型中小企业的科学化发展梯队，2020年收入超5亿元的高新技术企业数量占全省高新技术企业总数的5.32%；从创新要素投入角度来看，2020年示范区研发经费投入超2020亿元，占全省比重为67.21%，占GDP比重达3.4%，研发经费投入的总量、增速和强度均显著高于全省平均水平；① 从创新产出强度角度来看，2020年示范区高新技术产业产值占全省的71.54%，高新技术产业产值占工业产值的比重超过50%。产业集聚在创新效率上的优势初步凸显。

2. 现存问题

苏南国家自主创新示范区的运行中，仍然存在着一些结构性的问题。

（1）示范区内各设区市的创新发展程度不均衡。从各设区市的创新指数增长贡献率来看（见图2-5），2016年，各设区市对苏南创新指数增长的贡献率排序依次是苏州（35.36%）、南京（33.31%）、无锡（13.48%）、常州（9.91%）、镇江（7.96%）；到2020年，该贡献率转变为苏州（39.37%）、南京（32.74%）、无锡（13.97%）、常州（9.47%）、镇江（4.64%）。城市之间的相对排序没有发生变化，说明在苏南国家自

---

① 江苏省科技发展战略研究院。

主创新示范区发展过程中,苏州和南京仍然是主力军,两地对于创新的贡献率之和从 2016 年的 68.67% 上升为 2020 年的 72.11%。无锡和常州两地的创新贡献率基本保持不变,而镇江市对于苏南国家自主创新示范区的贡献率在 5 年间下降了约 41.71%。

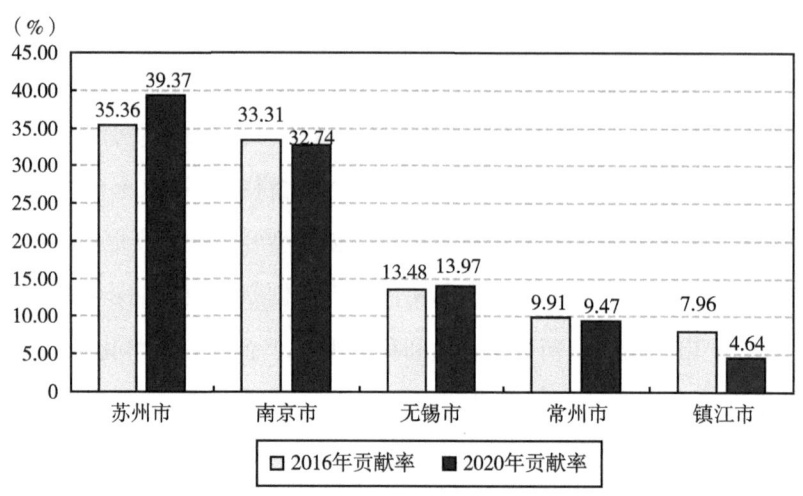

图 2-5　2016 年、2020 年苏南国家自主创新示范区
各设区市创新指数增长贡献率对比

资料来源:江苏省科技发展战略研究院。

从各设区市单独的创新指数来看(见图 2-6),以 2014 年为基期 100 计算,2020 年底各设区市创新指数从高到低依次为南京(261.16)、苏州(245.80)、无锡(202.94)、常州(195.04)、镇江(183.98),显示出苏南国家自主创新示范区在建设的过程中仍然是对南京和苏州两大城市创新发展能力的提升作用更高,南京和苏州两地与无锡、常州和镇江三市之间的创新能力仍存在较为显著的分层。这表明自主创新示范区在实际发展的过程中,虹吸效应可能要大于扩散效应。苏州和南京作为苏南地区典型的主体城市代表,在国家自主创新示范区政策的推动下,吸收了来自无锡、常州和镇江等区域的人力资本等创新资源,催生了城市本身的创新繁荣;而苏州和南京本身就具有较多的创新技术资源,二者之间的地缘和文化联系也更为密切,进一步加剧了在自主创新示范区内部的创新能力

分层和分化。这反映出江苏省不仅在苏南和苏北地区的发展上存在着宏观差异，苏南地区内部也存在着城市之间创新存量与创新增量的较大差距。此外，这启示我们，在自主创新示范区的建设过程中，区域内部的协调发展和相对落后地区的统筹发展问题，仍然值得深入研究和关注。

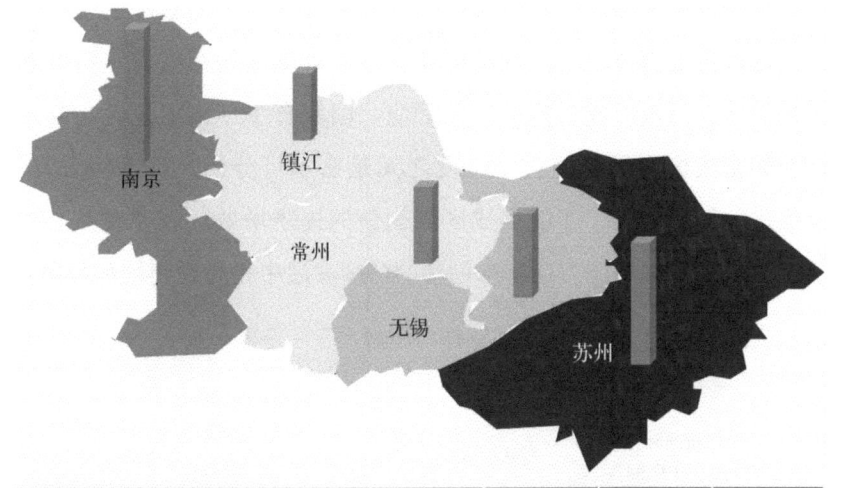

名称	南京市	无锡市	常州市	苏州市	镇江市
创新综合指数	261.16	202.94	195.04	245.80	183.98
对苏南指数增长贡献率	32.74	13.97	9.47	39.37	4.64

图 2-6　2020 年苏南国家自主创新示范区各设区市创新综合指数对比
资料来源：江苏省科技发展战略研究院。

（2）示范区内创新要素的协调作用不充分。从图 2-7 可以看出，截至 2020 年底，以 2014 年为基期 100 计算的苏南国家自主创新示范区创新综合指数、创新资源指数、创新主体指数和创新辐射指数均已达到 200 以上，其中创新资源和创新主体指数均超过 2.5 倍。这说明，苏南国家自主创新示范区自成立以来，在政策的支持和区域的发展下，已经积累了相当规模的创新资源和创新主体，具备了开展创新的基础条件和一定的技术扩散能力，区域创新所依托的硬件条件基本上已经相对完备。但与此同时需要注意到，区域的创新环境、创新绩效和创新国际化指数虽然也在增长，但与其他指标相比增长幅度不足，分别为 187.81、192.11 和

197.94，在存量和增量方面与其他指数相比，都存在着较大的差距。创新环境和创新国际化水平的不足可能是诱发创新绩效指数低于创新综合指数的深层原因，由于良好的有利于创新的制度等软性环境尚未完备，搭建创新平台与国际前沿接轨的程度不足，导致创新的投入要高于创新的产出，创新过程中可能存在着过度投资和资源浪费等非效率的现象。这表明，国家自主创新示范区内部创新的各个维度之间存在着不协调和不充分的发展，仍未形成较好的协同效应。国家自主创新示范区是高新技术产业的密集区。创新的各个维度之间是密不可分的，只有综合发展、相互促进的创新要素，才能促成区域创新的提质增效。而存在核心要素短板的区域，其创新能力在未来创新的持续发展中将受到制约和掣肘。

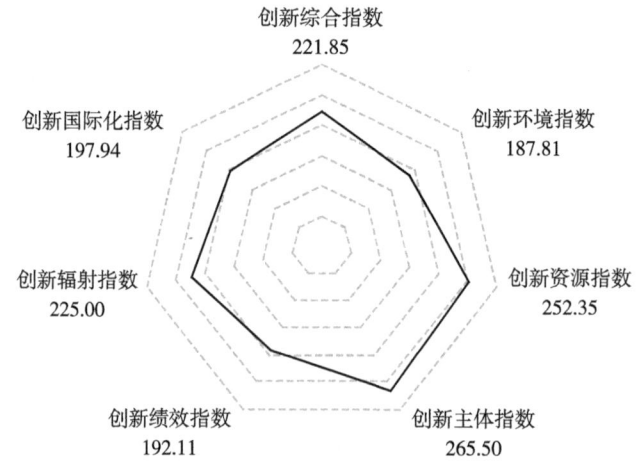

图2-7　2020年苏南国家自主创新示范区各维度创新指数
资料来源：江苏省科技发展战略研究院。

（3）示范区内的产业协作链条较薄弱。苏南国家自主创新示范区是我国成立较早、范围较大的示范区，在成立时间上要早于珠三角国家自主创新示范区，与深圳国家自主创新示范区的成立时间相当。虽然涉及九大高新区和五大创新型城市，但由于尚未产生完整的产业协作链条，苏南国家自主创新示范区在创新能力上与深圳国家自主创新示范区和珠三角国家自主创新示范区仍存在着较大差距。苏南国家自主创新示范区内所涉及的 8 个高新区和 1 个工业园区，从主导行业来看，主要都以电子信息技术和装备制造为主，产业之间的差异性不足，因此产业链条无法得到进一步的横向和纵向延展，上下游企业之间的联系也不够紧密，进一步表现为区域之间分工与合作的机制仍然不够完善，区域的一体化驱动力不足，程度有待加强。目前苏南国家自主创新示范区的官方网站仅将最新信息更新至 2020 年，显示出其作为一个有机整体的对外形象搭建不足，内部的互联互通和一体化建设有限。

三、宏观角度：整体向好发展，但区域协调统筹需要加速

（一）建设成效

1. 高新技术总量和增量整体居于前列

2022 年，江苏全社会研发投入超 3 700 亿元，对全国的贡献接近 12%；研发投入强度超 3%，达到创新型国家和地区中等水平；高新技术产业产值占规上工业的比重达 48.5%，科技进步贡献率达 67%，江苏已建有国家高新区 18 家、国家创新型城市 13 个，数量均位居全国第一，并率先实现了设区市全覆盖，南京成为全国首个引领性国家创新型城市，徐州获批国家可持续发展议程创新示范区，拥有国家创新型县（市）14 个，位居全国第一。

2023 年第一季度，江苏省工业战略性新兴产业、高新技术产业占规上工业的比重分别为 41.1%、49.2%；新能源制造业、航空航天制造业、仪器仪表制造业分别增长 31%、29.5%、9.4%，明显快于全部规上工业增速。3 月末，江苏省高新技术企业超过 4.4 万家，同比增长 19.5%。2023 年第一季度，江苏省 1.54 万家科技型中小企业取得科技部入库登记，数量居全国首位。

2. 高新技术区域协调发展取得初步成效

江苏省较早关注到区域内发展不协调的问题。2013 年，《江苏省政府

关于支持苏北地区全面小康建设的意见》发布后,很快配套出台了《江苏省政府办公厅关于加快推动科技资源向苏北集聚的意见》,要求通过转化重大科技成果、建设高水平创新型园区和培育创新企业、引进优秀创新创业人才等措施,为努力将科技资源向苏北地区集聚创造更好条件。南北结对帮扶合作,优化调整4对设区市、10对县(区、市)的结对关系。2022年,8家共建园区营业总收入达到350亿元;2021~2022年苏南选派74名干部和多批次专业人才赴苏北开展工作,筹措帮扶资金7.38亿元。

高新技术发展的协调逐步加强。2022年,苏北地区高新技术产业产值占工业总产值的比重首次突破40%,反映出江苏产业结构优化步伐明显加快,区域协同发展态势向好。江苏省70%以上的研发投入、80%的国家重大科技项目和90%的国家科学技术奖励在苏南实施或完成,苏南国家自创区已成为江苏创新驱动发展的核心引擎。

(二)现存问题

1. 区域创新能力差异较大

从各市和全省的平均创新能力来看,江苏的创新能力大约排在全国的第8位(见图2-8),与其所拥有的创新创业指数500强企业的数量和其他高新技术产业整体发展方面的表现不够匹配。

根据首都科技发展战略研究院课题组发布的《中国城市科技创新发展报告(2022)》,江苏各个城市科技创新发展指数最高为0.4404,最低为0.1398,指数极差达0.3006,内部城市科技创新能力差异较大,优势城市与弱势城市间的差距有待进一步弥合。2022年,苏南、苏中和苏北地区高新技术产业产值占规模以上工业的比重分别为52.3%、49.8%和41.1%。苏北地区与苏中和苏南地区的高新技术产业发展仍存在显著的差距,该数据也低于全省平均水平(48.5%)。从区域的整体创新发展来看,江苏省的创新能力呈现明显的梯队效应,基本符合从苏南到苏中再到苏北创新能力有阶梯的下降趋势。

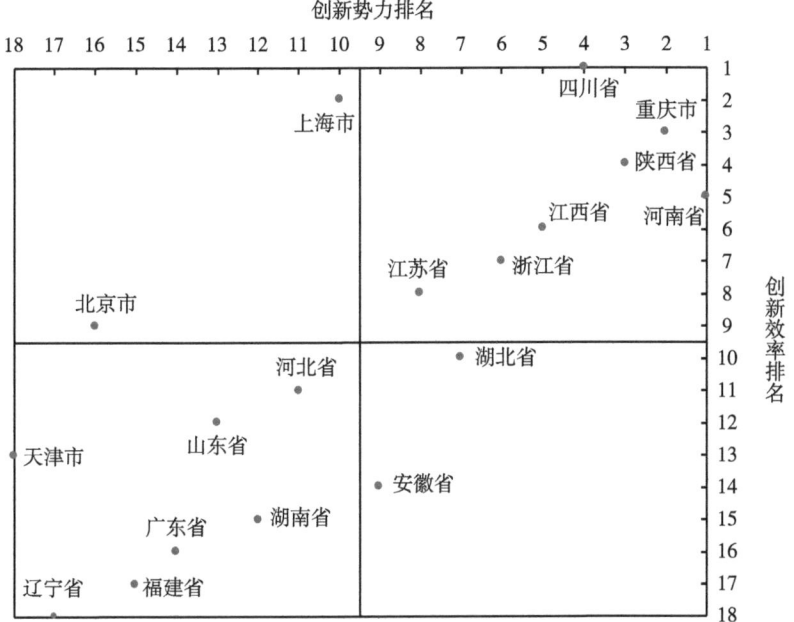

图 2-8　2022 年各省份创新势力与创新效率排名

资料来源：《2023 中国上市公司创新发展指数报告》。

图 2-9 展示了 1990~2020 年江苏省各地级市创新创业指数，其中，苏南地区城市的创新创业指数变化情况用虚线表示。我们发现，整体而言，苏南地区的区域创新创业能力和增速要显著高于苏中和苏北地区。在苏南地区中，苏州和南京作为两个主体城市，其创新创业能力处于领先地位。无锡的区域创新创业能力提升比较稳健，从总量和增速来看已经逐步成为了苏州和江苏两大城市以外的第二梯队。常州和镇江虽然在区域上属于苏南地区，但在创新创业能力上与南通和徐州差别不大，镇江的区域创新创业能力甚至要稍低于南通，四者共同组成了江苏省区域创新创业能力的第三梯队。扬州、泰州和盐城的区域创新创业能力基本相当，要显著低于第三梯队。连云港、淮安和宿迁属于苏北地区相对创新创业能力更落后的区域，三者共同构成了江苏省创新创业能力的第五梯队。

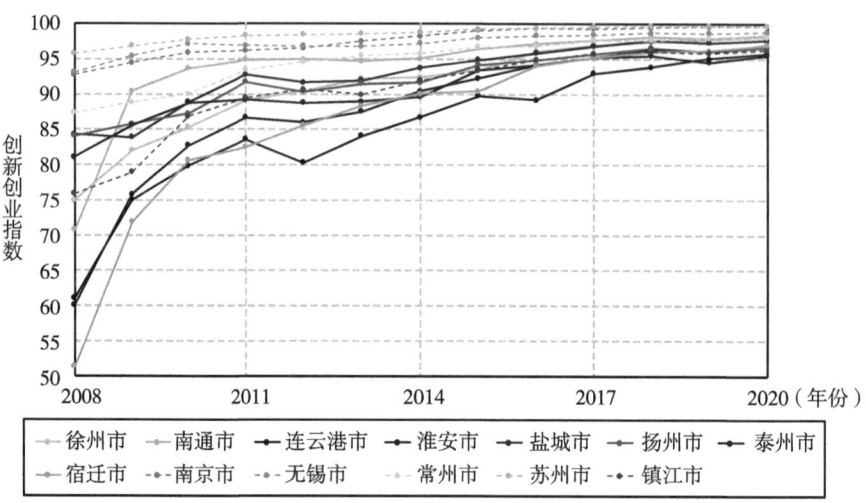

图 2-9　1990~2020 年江苏省各地级市创新创业指数
资料来源：北京大学企业大数据研究中心中国区域创新创业指数（IRIEC）。

2. 区域创新主体培育能力差异较大

在高新技术的创新主体方面，一个地区创新发展的后劲如何，一个重要指标就是独角兽企业和瞪羚企业的多寡。2022 年，江苏省生产力促进中心发布的江苏独角兽企业、高新区独角兽企业和瞪羚企业评估结果显示，从地区分布来看，江苏省 13 个设区市均有瞪羚企业，但区域分布差异显著，其中苏州最多，拥有 356 家，占比 48.17%；其次为南京 140 家、常州 89 家、无锡 61 家。从独角兽企业区域分布来看，苏州独角兽企业最多，达 10 家；其次为南京 5 家、常州 4 家、无锡 3 家、南通 2 家、盐城 1 家、镇江 1 家，其中南通、盐城两地是首次出现独角兽企业，这也是苏北和苏中地区首次实现独角兽企业零的突破。从潜在独角兽企业区域分布来看，266 家潜在独角兽企业中，徐州市首次出现潜在独角兽企业，苏州拥有潜在独角兽企业最多（153 家），其次为南京市 40 家，数量超过 20 家的设区市还有无锡市和常州市，均集中在苏南地区。整体来看，苏南地区仍然是独角兽企业和瞪羚企业的主要阵地，苏北地区独角兽企业仅有江苏润阳新能源科技股份有限公司 1 家企业入围，该企业并非盐城市自主培育的企业，而是由昆山市迁徙而来，这表明苏中和苏北地区在企业承接和自主培育方面的能力仍有待加强（见表2-6）。

表2-6 2022年江苏省独角兽企业、潜在独角兽企业和瞪羚企业分布基本情况

企业类型	区域分布	总数量（家）	高新区企业数量（家）	占比（%）
独角兽企业	苏南地区	23	19	73.08
	苏中地区	2	1	50.00
	苏北地区	1	1	100.00
	总计	26	19	73.08
潜在独角兽企业	苏南地区	153	129	84.43
	苏中地区	40	38	95.00
	苏北地区	73	30	41.10
	总计	266	197	74.06
瞪羚企业	苏南地区	356	289	81.07
	苏中地区	140	135	96.43
	苏北地区	243	136	55.97
	总计	739	560	76.44

资料来源：江苏省生产力促进中心。

从高新区角度来看，2022年数据显示，江苏省瞪羚企业数量最多的高新区是苏州工业园区（182家），其次为苏州高新区（60家）、南京高新区（43家）、常州高新区（40家）；县域高新区中瞪羚企业数量最多的是昆山高新区，拥有35家；省级高新园区瞪羚企业数量最多的是西太湖高新区（20家）；苏中地区瞪羚企业最多的是泰州医药高新区（12家），苏北地区瞪羚企业最多的是盐城高新区（10家）。从成长型企业的分布来看，位于高新区的独角兽企业、潜在独角兽企业和瞪羚企业基本上超过了企业总数的一半，整体上苏中和苏北地区对于潜在独角兽企业和瞪羚企业的凝聚力要弱于苏南地区，高新区特别是苏中和苏北地区高新区对于成长型企业的整体促进作用还需要进一步优化。

第三章

CHAPTER 3

江苏省高新技术产业政策演变分析

在分析江苏省高新技术产业发展特征事实的基础上，我们依托北大法宝数据库对江苏省各级各类高新技术产业相关政策的历史沿革以及现行细则进行进一步的梳理和归纳，从而更加精准细致地剖析相关政策的演变趋势以及现行政策中的亮点与不足，为提出优化政策的针对性措施奠定基础。

一、江苏省高新技术相关企业优惠政策梳理

（一）基本情况

政府针对高新技术企业的政策主要是创新补贴和税收优惠。由于高新技术企业税收优惠基本均采用15%的税率和"两免三减半"的策略，相对来说比较统一，本章主要考察高新技术企业创新补贴政策的具体内容。与此同时，由于专精特新企业与高新技术企业之间的重合度较高，对于专精特新企业的相关政策也可以视为对高新技术相关企业给予补贴的一种特殊形式。本章对目前江苏省内各地区针对高新技术企业和专精特新企业及"小巨人"企业的相关政策进行了细致的梳理。

表3-1、表3-2、表3-3展示了目前江苏省及其各地级市高新技术企业相关优惠政策的补贴金额与补贴方式。

表3-1　　　　江苏省高新技术企业奖励汇总

地区	入库企业奖励	申报奖励	认定企业奖励	再次认定奖励	引进企业奖励	引进中介奖励	政策依据
江苏省	—		不低于30万元，其中省级不低于15万元		—		《江苏省推进高新技术企业高质量发展的若干政策》
常州市	5万元		15万元		—		《常州市加快推进高新技术企业培育的若干政策》
南京市	市库20万元，省库1∶1配套		50万元	10万元有效期满当年仍获得认定	20万元		《关于对高新技术企业培育和省认定技术先进型服务企业给予支持的实施细则》
苏州市	最高5万元		最高15万元	最高5万元	—		《苏州市高新技术企业培育新三年行动方案（2021~2023年）》
镇江市	最高5万元，限辖区		辖区最高15万元，县市最高10万元				《关于进一步深化科技体制改革推动高质量发展若干政策措施》
无锡市	10万元		15万元				《关于加快实施创新驱动核心战略的若干政策措施》
南通市	省奖励1∶1配套	—	20万元小微利				—
扬州市	最高15万元		最高10万元	最高10万元			《扬州市推进高新技术企业高质量发展（2021—2023年）的若干政策》
泰州市	10万元		30万元	15万元			《关于进一步鼓励企事业单位聚才用才推进科技创新引领高质量发展若干政策》
连云港市	5万元		40万元	10万元	20万元		《连云港高新区推动科技创新若干政策（试行）》

续表

地区	入库企业奖励	申报奖励	认定企业奖励	再次认定奖励	引进企业奖励	引进中介奖励	政策依据
淮安市	10万元		40万元	20万元	30万元		《关于推动制造业高质量发展的实施意见》
宿迁市	5万元		50万元	10万元	50万元		《关于进一步推进科技创新引领高质量发展若干政策》
徐州市	—	—	30万元				高新技术企业引培计划
盐城市	最高8万元"高企服务券"补助		最高35万元	最高20万元		—	《加快科技创新发展激励政策实施细则（试行）》

资料来源：根据公开资料整理。

表3-2　　江苏省高新技术企业奖励政策创新汇总

地区	创新	政策内容
江苏省	技术成果转化补贴、人才补贴费用税前扣除	（1）全面落实高新技术企业所得税减按15%的税率征收、企业研究开发费用175%税前加计扣除、省级奖励额度不低于15万元。 （2）高新技术企业引进省内外先进技术成果转移转化的，各地可按技术合同实际成交额的10%给予奖补。高新技术企业实施的重大科技项目用地计划指标由省有关规定奖补。 （3）高新技术企业引进人才支付的一次性住房补贴、安家费及科研启动经费，可按规定在税前扣除
常州市	奖励创新平台，统筹区域财政	对企业主导或牵头的重大科技创新平台给予奖励。 新北区、天宁区、钟楼区的奖励资金由市级财政承担50%，金坛区、武进区、常州经开区的奖励资金由同级财政承担
海安市	统筹区域财政	市财政10万元，区镇配套5万元
江阴市	结合贡献度奖励	工业企业首次认定为高新技术企业的，在高新技术企业认定奖励的基础上，根据其上年度的地方贡献额的50%再给予最高20万元奖励
句容市	知识产权质押，辐射其他行业	以企业核心专利、商标等作为质押物开展知识产权质押融资的，按照一年期贷款市场报价利率（LPR）给予50%的贴息补助（实际贷款利率低于LPR的，按实际利息的50%给予贴息补助），高新技术企业每年最高贴息补助20万元，其他企业每年最高贴息补助10万元

续表

地区	创新	政策内容
昆山市	奖励孵化中介	载体内企业首次通过高新技术企业认定，按每认定一家给予载体运营机构10万元奖励；载体内企业再次通过高新技术企业认定，按每认定一家给予载体运营机构1万元奖励
南京市	项目化方式支持	通过项目立项，支持企业开展关键核心技术攻关，推动企业技术迭代升级，单个项目支持经费最高不超过200万元
启东市	研发费用配套	企业研发费用年度增长20万元（含）以上且增幅不低于10%的，给予认定的研发费用增长额5%的奖励，最高不超过30万元
如皋市	支持绩效评估，倾向产学研结合	（1）对当年落户并获得南通市科技创新型企业招引认定的企业给予20万元奖励，第一引荐人奖励2万元。 （2）对有效期内国家高新技术企业、高新技术企业培育库内企业、规模以上工业企业进行年度绩效评估，经评估合格的给予3万元奖励，评估优秀的给予4万元奖励。 （3）产学研结合引进的高价值专利技术并转化实施的每件资助1万元
泰州市	支持农业发展	新认定的省农业科技型企业，给予10万元奖励
兴化市	支持出口贸易	对当年一般贸易出口额在500万美元至1 000万美元、1 000万美元以上，且相比上年实现正增长的省级以上高新技术企业，分别给予10万元、20万元奖励；对当年农产品出口额在500万美元至1 000万美元、1 000万美元以上，且相比上年实现正增长的企业，分别给予10万元、20万元奖励
扬州市	支持研发费用和高新技术产品匹配补贴和抵扣	（1）对其申报日前近3个会计年度的研发投入（企业向税务部门申报的研发费或专项审计报告中确认的研发投入，选二者之间的低位数），按20%给予奖励，最高15万元。 （2）对首次通过高新技术企业认定的（及市外迁入的）企业，在高新技术企业有效期内，对企业的研发投入，分年度按20%给予奖励，每年最高10万元；对高新技术企业有效期满仍没有1件有效发明专利或不再重新申报高企的，取消最后一个年度的奖励资金。对非首次通过认定的高新技术企业，对其申报当年的研发投入，按20%最高给予10万元的一次性奖励。 （3）对通过评价的制造业科技型中小企业，执行企业研发费用200%税前加计扣除政策。 （4）对在有效期内的高新技术企业，企业研发投入占主营销售收入比例近三年持续保持在4%以上，上一会计年度企业开票收入在5亿元以上，其中高新技术产品（服务）收入占比70%以上，有效发明专利达5件以上，市财政按一定比例给予奖励，用于企业进一步加大研发投入
宜兴市	支持科技型中小企业	对连续三年通过科技型中小企业评价入库的企业，择优给予最高5万元奖励

资料来源：根据公开资料整理。

表 3-3　江苏省高新技术相关企业奖励汇总

地区		单项冠军企业	单项冠军培育	国家专精特新"小巨人"企业	省级专精特新"小巨人"企业	市级专精特新"小巨人"企业	政策来源
江苏省		不超过并购企业对目标企业实际出资额现金部分的5%补助,最高不超过2000万元					《关于组织2023年度江苏省工业和信息产业转型升级专项资金项目申报入库的通知》
苏州市	工业园区				最高100万元		《苏州工业园区专精特新三年行动计划(2021—2023年)》
	高新区	企业100万元 产品50万元	50万元				《苏州高新区工业高质量发展扶持政策》
	太仓市	100万元		50万元			《太仓市工业经济高质量发展若干扶持政策》
	张家港市	25万元		25万元			《张家港保税区产业创新高质量发展扶持政策》
	常熟市			最高50万元	最高20万元		《2021年度提升存量企业竞争力若干政策项目申报指南》
	昆山市				最高50万元	最高15万元	《关于加快推进中小企业"专精特新"发展的实施意见》
	吴中区	200万元		100万元			《关于促进吴中区工业经济高质量发展若干政策措施意见的通知》
	相城区	20万元			10万元		《苏州工业园区专精特新三年行动计划(2021—2023年)》
	吴江区	50万元					《关于促进吴中区工业经济高质量发展若干政策措施实施的通知》

续表

地区	单项冠军企业	单向冠军培育	国家专精特新"小巨人"企业	省级专精特新"小巨人"企业	市级专精特新"小巨人"企业	政策来源
南京市	300 万元		100 万元	50 万元		《南京市推动专精特新中小企业高质量发展行动方案》《关于加快发展专精特新中小企业的若干措施》
无锡市			50 万元	30 万元		《无锡市促进"专精特新"中小企业高质量发展的若干政策措施》《无锡市专精特新"小巨人"企业办实事清单》
常州市	最高 200 万元		最高 100 万元	最高 50 万元		《关于推进高质量工业智造明星城建设的若干政策》
宿迁市	100 万元		100 万元	30 万元		《宿迁市建设长三角先进制造业基地三年行动计划(2021—2023 年)》、《宿迁市千亿产业攻坚三年行动计划(2023—2025 年)》
徐州市			60 万元	40 万元	20 万元	《徐州市"专精特新"中小企业培育攻坚三年行动方案(2022—2024 年)》
南通市			50 万元	20 万元		《支持制造业倍增和服务业繁荣的若干政策意见》
连云港市	100 万元		50 万元			《关于深化创新型城市建设的若干政策》

续表

地区	单项冠军企业	单项冠军培育	国家专精特新"小巨人"企业	省级专精特新"小巨人"企业	市级专精特新"小巨人"企业	政策来源
扬州市			最高50万元	最高30万元		《关于组织申报2021年度扬州市中小企业发展专项资金项目的通知》
淮安市	150万元 外地迁入视作首次获评		100万元 外地迁入视作首次获评	50万元 外地迁入视作首次获评		《关于推动制造业高质量发展的实施意见》
盐城市	100万元		100万元	30万元		《关于贯彻落实省政府推动经济运行率先整体好转若干政策措施的实施意见》
泰州市	最高100万元	最高50万元	最高50万元	最高50万元	最高25万元 给予最高20万元,当年其单个专利新产品开票销售突破500万元的,按不超过新产品开票销售的2%最高50万元	《关于扶持中小企业发展的若干政策》的通知

资料来源：根据公开资料整理。

目前江苏省对高新技术企业的补贴和奖励仍然主要集中于企业认定奖励环节，结果导向仍比较明显。也有部分地级市逐渐将企业入库以及企业再次认定为高新技术企业纳入奖励范围。相对来说，对企业申报、企业引进和引进中介的奖励，目前参与的地级市仍较少。奖励方式以定额的现金奖励为主，主要采用两种方式：一种是并不区分企业性质的"一刀切"式的固定数额奖励方法；另一种则是设置最高上限的奖励方法。

（二）特点分析

通过对政策的梳理，我们发现，江苏省全部地级市都对高新技术企业和专精特新企业实施了相关的优惠政策。这表明江苏省对于高新技术相关企业的发展非常重视，希望采用补贴的形式来激发企业的创新能力。然而，在政策制定的过程中，还存在着以下值得优化的领域。

（1）在补贴的系统性方面。省级、地级以及区县三级政府对于高新技术企业可能都存在补贴，但是目前三者在发放上各自为政，造成了一些管理上的困难，也增加了企业的申请成本和补贴发放的时滞，不利于企业及时地获得补贴。此外，专精特新企业和高新技术企业的补贴发放基本上是各自独立运行的，但其实在相关企业中存在着较大的重合部分，可以考虑进一步的综合统筹。政策的推广和宣传也需要进一步优化。许多政策在描述中体现了政策的"最高"补贴值，而没有对企业符合何种标准、究竟能享受多少补贴进行明确标注，这给政策带来了一定的权力寻租空间。高新技术企业的认定，目前仍采用定期认定的方式进行，可以进一步探索滚动式的认定方式。

（2）在补贴发放的形式方面。绝大多数的地级市依然采用定额补贴的方式对企业给予补贴，这样虽然方便管理，但可能会对企业创新的积极性造成一定的损伤。因为在定额补贴的情况下，可能造成企业认定后"创新多少一个样，创与不创一个样"的弊端，没有根据企业的研发费用强度和创新成果质量等进行细分,在政策实施过程中缺乏激励相容的机制。

(3) 在补贴的发放范围方面。相当一部分地区还是主要对初次认定或再次认定的高新技术企业予以一次性奖励,而对入库培育的企业和高新技术认定存续期间的企业奖励较少。在专精特新企业的奖励领域,这一现象更为突出,有不少地区都主要奖励获得"单项冠军"的企业。这种以结果为导向的奖励机制忽视了企业在创新过程中所付出的努力和成本,政策也没有良好地释放宽容失败的容错机制。此外,也有相当一部分城市尚未将科研孵化机构和中介机构纳入奖励的范围,可能体现了当地科研孵化机构发展并不十分完善的现状。

(4) 在配套政策的制定方面。目前的大多数创新补贴更像"一锤子买卖",在相关政策中没有明确强调对相关过程中的造假行为应当如何处罚,如企业的摘牌和优惠的追缴等,也较少对高新技术企业认定后的相关指标提出进一步要求,在政策制定上也较少体现对于区域重点发展产业的倾向性。

(5) 在补贴的创新性方面。有部分地区已经开始尝试使用多样化的方式发放创新补贴,如将现金发放的形式改为向企业提供低息贷款或对企业进行研发费用配套、规定外迁企业在迁入地必须存续的最低期限、允许补贴的金额抵扣之前年度的科研费用以及将补贴的额度浮动为研发费用或税收的比例、依据创新表现来分次发放差异化创新补贴或对创新补贴采用项目制考核等。这些创新体现了基层政府的治理智慧,在一定程度上能够克服"一刀切"、一次性的现金补贴带来的潜在的市场扭曲问题。但目前相关政策仍在初步探索阶段,施行的范围仍然较小,主要集中在区县级层面,且没有形成较为规范的体系。

类似地,我们对其他并非高新技术企业,但与高新技术密切相关的企业,如制造业单项冠军企业、国家专精特新"小巨人"企业等的相关奖励措施进行了汇总,得到的结论是相似的,此处不再赘述。另外,需要关注高新技术企业同时属于其他奖励类目的情况，如同时属于上述企业或瞪羚企业、独角兽企业等，在这种情况下如何进行政策的整合、减轻企业的申请成本、把握好政策强度，既能够充分发挥复合型企业的积极性，又不至于由于过多的奖励叠加使企业产生创新惰性，也是值得考虑的问题。

二、江苏省高新技术产业宏观政策特点梳理

（一）基本情况

从政策数量来看，通过对高新技术产业政策历史维度的梳理，我们发现，江苏省较早注意到高新技术产业的重要作用，最早的关于高新技术产业发展的政策大约出台于1989年。截至2022年底，江苏省已经出台关于高新技术产业发展的地方规范性文件2 710份。2002年以前，江苏省出台的相关政策的数量要明显少于北京市和上海市，但在2002年之后，北京市和上海市的政策出台数量进入平稳期，而江苏省的政策出台数量却一路走高，在2017年达到顶峰，当年，江苏省出台了超过200份的地方规范性文件。2018年以后，随着高新技术产业发展进入新阶段，初步的基础性规范性文件与体系也已建成，江苏省规范性文件的数量呈现出明显的下降趋势，但发布文件的数量仍然显著高于北京市和上海市（见图3-1）。

从政策文本来看，我们对高新技术产业相关政策中的典型代表，即针对开发区的政策进行了横向和纵向分析。针对纵向的江苏省开发区条例的历史演变，可以发现随着高新技术产业的发展及其与其他产业的深度融合，高新技术管理条例逐渐凸显出多元化的政策目标。从起步阶段主要关注企业所得税以及相关政策的制定，到逐步转变为对法律和产品的重视，再到2018年后聚焦区域管理的高质量、科学性和集约性，江苏省开发区相关的条例文本可以说体现了对于高新技术发展提质增效的不

懈追求。此外我们仍需关注的是，在对开发区相关文本文件的整体分析中我们发现，与北京市和上海市两地的政策文本横向对比，江苏省的政策文本相对来说更加宏观和抽象，而北京市和上海市两地政策文本相对来说更加具有可操作性和实效性。

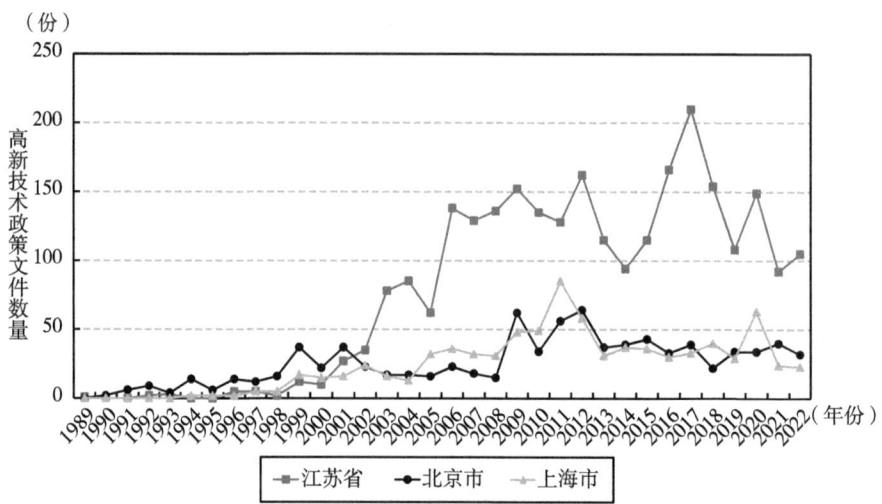

图 3-1　1989~2022 年江苏省、北京市、上海市高新技术政策文件数量对比
资料来源：北大法宝数据库。

高新技术产业并非独立发展的，而是与其他行业和产业有着深度的融合。通过对 2 316 份江苏省现行有效的高新技术产业相关的地方规范性文件的分析，我们发现科技创新和营造环境优化是相关文件关注的重点领域，这两类政策数量之和大约占到总体文件数量的 27%。这也表明仍有 3/4 左右的政策并非完全围绕着高新技术产业本身展开，建设人事、劳动、税收、财政、改革、环保等也是高新技术相关政策中不可或缺的内容。此外，高新技术产业相关的政策还涉及法治、商贸、文化、金融、标准化等各个领域，是一个复杂而庞大的体系，同时也牵连到突发事件应对、长江经济带发展、依法治国、长三角地区一体化发展以及数字经济等诸多专题（见图 3-2）。

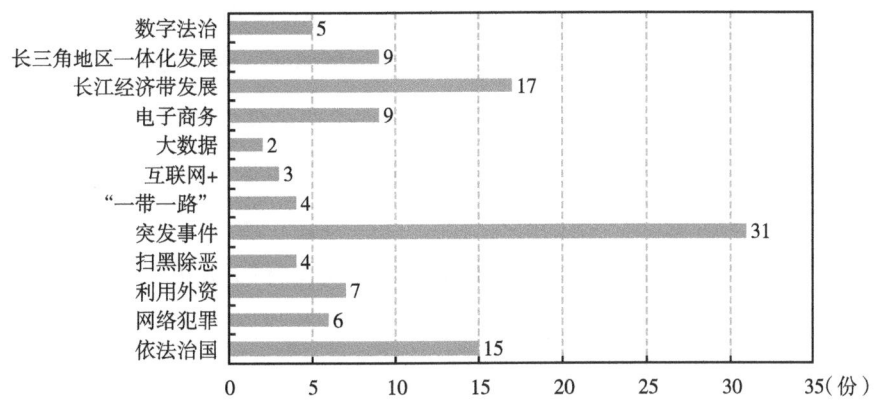

图3-2　高新技术发展相关政策文件主要归属专题
资料来源：北大法宝数据库。

在高新技术产业相关政策发展的初期，高新技术产业主要围绕利用外资、发展科技等相关主题展开，政策的制定转移主要集中在省级政府部门和南京、苏州等发达城市。随着高新技术产业的发展，江苏省高新技术产业政策逐渐涉及多个政府部门的职能范围，我们发现，在江苏省现行有效的地方规范性文件中，针对高新技术产业发文的机关超过了30个，其中发文超过5次的机关超过了13个。与此同时，各地级市和区县也逐步针对高新技术产业制定了更加细化的规范性文件。

（二）特点分析

作为中国的经济大省，江苏省一直以来都非常重视高新技术产业的发展。在过去的30多年中，江苏省的高新技术产业取得了长足的进步，政策的合理性和针对性不断提升。然而，当前政策在实施过程中还存在着一些值得关注的问题，有待进一步改进和完善。

首先，江苏省在高新技术产业发展方面出台的文件数量要显著高于北京市和上海市等地区。然而，仅仅出台政策文件并不足以保证政策的有效性。在关键的高新技术发展环节，如产学研结合和区域协调等方面，仍然存在着一些改进的空间。这说明政策文件需要进一步整合和创新，并且需要加强政策的执行力度，确保政策能够真正起到推动作用。

其次，政策的具体性也是一个需要重视的方面。相对于政策制定的前期调研和试点论证，政策的具体性往往是后期执行过程中的一个短板。因此，需要注重政策的具体性，使其能够更加贴近实际需求和问题。可以通过与企业、科研机构和相关行业的密切合作，用明察暗访相结合的方式深入了解实际需求和问题，制定出更切实可行的政策，为高新技术产业的发展提供有力支持。

再次，随着时间的推移和高新技术企业的不断发展，江苏省各地级市都已经制定了相关的高新技术产业政策，很多区县也制定了各自独特的政策，形成了省、市、县三级政策体系，发布文件的数量也在与年俱增。但由于政策的分散化和同质化，三者之间政策的合力可能得不到充分的发挥，甚至政策之间还可能存在着一些遮蔽效应。

最后，政策的横向协同也是需要重视的问题。2018年以来，伴随着创新驱动和产业协同发展，江苏省的产业政策中开始出现更多的关键词，发挥着越来越重要的作用，这说明江苏省对于高新技术产业的政策已经逐步实现了从粗放式到集约式管理的转变，越来越关注高新技术产业中的创新问题。发文机关也逐步辐射到了科技、财政、审计等多个相关部门。在横向层面，需要加强同级政府之间不同部门的协调与合作，避免政策过当与政策不足并存的问题。高新技术产业的发展涉及多个领域和部门，需要部门之间密切合作、强化共识、明确权责，形成政策的最大合力，从而推动高新技术产业的协同发展，实现经济转型升级和创新驱动发展的目标。

第四章
CHAPTER 4

政府创新补贴与税收优惠对高新技术企业研发创新的影响

一、创新补贴与税收优惠政策

创新补贴和税收优惠政策的引入对于解决高新技术企业发展过程中的市场失灵问题、促进高新技术产业创新具有重要意义。长期以来，这两类政策作为高新技术产业政策的典型代表在全国和全世界范围内得以广泛实施，并取得了长足发展。

创新补贴是指政府为了鼓励企业加大研发投入和技术创新而直接提供的资金支持。这种政策通常以向企业提供补贴资金的形式出现，目的是鼓励企业在技术研发和创新方面进行更多的投入。创新补贴可用于支持企业开展科研项目、购买研发设备、培训技术人员等方面的活动。通过创新补贴政策，企业可以获得财务上的支持，降低技术创新的风险，从而提高其开展技术创新活动的积极性。例如，我国"国家中小企业创新基金"由中央财政和地方财政共同出资设立，旨在支持中小企业的技术创新活动。企业可以向基金申请资金支持，用于研发项目、技术改造、知识产权保护等方面。这种创新补贴政策的实施，可以鼓励中小企业加大技术创新投入，提高其创新能力和竞争力。高新技术企业最主要享有的创新补贴的形式，就是在获得高质的企业认定后政府所给予的一定补贴，主要以定额或限额补贴的形式一次性发放。

税收优惠政策是指国家或地方政府为鼓励企业进行技术创新而提供的税收减免或相关优惠。通过降低企业的税负，税收优惠政策可以有效激励企业增加技术研发投入，提高技术创新的积极性。这种政策通常以减免企业所得税、增值税、关税等税收方式出现。例如，美国的研发税收抵免政策就是一项典型的税收优惠政策。该政策允许企业在纳税时将其研发列为可抵免的费用，从而减少其应缴纳的所得税。这种税收优惠政策的实施，可以鼓励企业增加研发投入，促进技术创新的发展。我国高新技术企业最主要享有的税收优惠，是在所得税方面常年享受15%的所得税税率，要明显低于其他行业25%的税率。此外，政府允许企业在研发费用方面加计扣除，并对新成立的高新技术企业实行"两免三减半"的优惠政策。

作为政府常用的政策工具，创新补贴和税收优惠的目标是促进企业的创新活动和扩大生产经营，进而推动高新技术产业的发展。江苏省在相关政策实施的过程中，也持续大力推行着针对高新技术企业的补贴和税收优惠。在高新技术企业认定、企业培育资金申请、企业研发费用加计扣除等方面均制定了相关细则，政策取得了突出成效，但在实施过程中，也不可避免地面临着一些潜在风险和问题。

首先，企业作为追求利益最大化的经济主体，可能会利用申请创新补贴和税收优惠的机会进行政治寻租，加之现实的经济运行并不能完全符合经典经济学假设，政府和企业双方的信息不对称，将会进一步加剧这一现象。这种行为会损害市场活动的公平性和效率性。申请行为中存在着潜在的逆向选择和道德风险。例如，部分企业在获得经营利润之后，可能并不会将它们投入真正的创新活动，而是通过贿赂政府官员来以不正当手段更加轻松地获得补贴和优惠。这种行为不仅不利于企业真正的

第四章　政府创新补贴与税收优惠对高新技术企业研发创新的影响

创新活动，而且会导致资源的错配和市场的扭曲，进一步蚕食契约精神和破坏社会风气，不利于良好营商环境的培育，还将诱发腐败行为，对政府的透明度和公信力产生恶性影响。

其次，政府过多或者"一刀切"地进行创新补贴和税收优惠也可能带来一些负面影响。过多的补贴和优惠可能会导致企业自身创新倦怠心理，进而影响企业建立健全的激励机制。制度存在路径依赖性，企业获得政府的优惠政策后可能形成依赖，导致政策退出存在壁垒，也增加了政府的财政压力。例如，一些企业可能通过虚构或夸大自己的创新成果来获得更多的补贴和优惠政策，从而获得不当的经济利益；某些企业可能会过分依赖政府的补贴和优惠，在获得补贴和优惠后忽视后期的持续研发能力，进而忽视了提升自身真正的创新能力和竞争力的重要性。在这种情况下，企业很难形成自主创新的动力，容易形成僵尸企业，长期来看也不利于整个产业和区域的健康发展，甚至诱发"创新泡沫"。

最后，我们还需要思考创新补贴和税收优惠对于不同企业的效果是否一致，以及二者之间是否存在协同或替代效应。虽然创新补贴和税收优惠都是政府提供的利好政策，但由于不同企业在创新能力、产权结构、市场地位等方面存在差异，其对于不同创新利好政策的响应效果也会有所不同。现有研究表明，对于创新能力较强的企业来说，政府的补贴和优惠政策能够起到一定的激励作用，进一步推动其创新活动；而对于创新能力较弱的企业来说，这些政策的运行效率较低，并不能有效地促进创新，甚至可能带来资源错配与浪费。因此，政府需要根据不同企业的特点和需求，制定差异化的政策措施、构建高效政策组合以达到最佳的政策效果。

要进一步厘清上述问题，需要深入研究政府创新补贴与税收优惠的作用原理。创新活动的产出一般由专利的产出数量和质量来体现，但创新活动可能面临着极大失败的风险，因此不能单纯地从创新的产出来核定企业是否进行了创新活动，为此，我们在研究中通过企业研发投入来观测企业的创新意愿与创新行动,从投入和产出两个维度比较全面地衡量企业创新。本章通过实证分析,对政府创新补贴和税收优惠对企业创新的影响机制进行了探讨;同时,通过对行业、地区和研发类型的异质性分析,聚焦江苏省高新技术产业政策的实施现状,为提供更加具有针对性和可操作性的政策建议奠定基础。

二、文献综述

(一)创新补贴和税收优惠的经济学原理

创新依赖于研发活动。研发活动是指企业在技术创新过程中进行试错和实验性地寻找新技术及产品的可能性的研发工作。知识和创新活动中存在着较强的正外部性,即创新产生的专利和技术往往能够造福全社会,但成本是由企业独自承担的,这导致企业的边际成本大于边际收益(Witt,1996;Kelly and Hageman,1999)。此外,创新企业承担着大量的研发成本和研发风险,但技术创新的外部性往往会导致"技术溢出"现象,即企业在进行研发时所产生的技术成果可能会被其他企业所利用,因此创新者难以完全攫取创新的全部收益(Cressy and Olofsson,1997),这使得创新者陷入"为他人作嫁衣"的窘境,特别是在知识产权不够明晰或缺乏保护时,企业进行研发和创新的积极性将被进一步削弱(Lerner,2009)。

开展创新活动需要寻求而且确实需要外部的帮助,对于高新技术企业更是如此。虽然部分企业可以通过市场自发的调节获得风险资本的风险投资(Gompers and Lerner,2001;Kanniainen and Keuschnigg,2003;赵宝芳和陈晓丹,2022),然而,依靠风险投资并不能完全弥补创新企业的损失和促进研发活动的开展,以保持创新活动的正常运行和推进。这反映了经济学中经典的"市场失灵"问题(Dundas and Richardson,1980;Stiglitz,1989),在这种情况下,单纯靠市场这只"看不见的手"

的自我调节无法完全激发研发和创新活动的效率,此时政府这只"看得见的手"的调节就显得尤为关键(Randall,1983;Ledyard,1989,Le Grand,1991)。

技术领域的政策调控是缓解市场失灵的重要手段(Jaffe et al.,2005;贺炎林等,2022),为了缓解企业研发投资的外部性问题,世界各国(地区)政府采取补贴措施对企业进行资金和资源的支持(Choi and Lee,2017),政府补贴的目标一般是弥补企业研发投入正外部性导致的私人效益损失,以鼓励企业进行更多的研发活动(Clausen,2009)。为了弥补创新行为的外部性损失,缓解创新过程中的融资约束以及应对创新活动的不确定性等,多数国家制定了以政府补贴、税收优惠为主要工具的产业政策激励企业创新(Dimos and Pugh,2016;Huang et al.,2019)。

(二) 创新补贴和税收优惠的作用机制研究

创新补贴对企业创新存在正向和负向影响。推动企业创新的正向推动作用主要在于以下几个方面:首先,能够使企业直接、及时地获取资金支持,激活企业的流动性,有效缓解企业的融资约束(Meuleman and De Maeseneire,2012;Minford and Meenagh,2019;严若森等,2020;江涛和郭亮玺,2021;贺炎林等,2022);其次,创新补贴能够帮助企业特别是初创企业向外释放积极信号,表明企业拥有创新的能力并掌握某个领域的专业技术且获得了政府认证,有利于提升企业在市场中的声誉(郭玥,2018;赵宝芳和陈晓丹,2022);在获得市场认可后,企业的风险承担能力进一步增强(张娆等,2019;严若森等,2020;尚洪涛和房丹,2021),这将促使企业获取利益相关者的信心和支持(Kleer,2010;伍健等,2018),激励企业增加研发投入和创新活动(杨晓妹等,2021;张笑等,2021;毛毅翀和吴福象,2022)。

然而,针对创新的补贴和优惠应该审慎施策,因为政府调控并不是治疗市场失灵的灵丹妙药,如果政策实施不力,如存在着寻租行为

（Krueger，1990）和委托代理（王杏芬，2022）问题，则将诱发政府失灵的现象（Le Grand，1991；Dollery and Wallis，1997；Klette et al.，2000）。相对于发达国家，发展中国家由于在经济、制度等方面发展仍不够完善，寻租现象更为严重（Gunawong and Gao，2017）。这意味着企业在进行研发活动时，更多地关注政府补贴的获取，可能会进行"研发操纵"和通过政治关联以更快地获得专利，而忽视了自身真正的资源积累和研发能力的提升（Liefner et al.，2016）。在我国的高新技术企业中，存在着依赖政府补贴以及"寻租"投资的现象和研发迎合行为（杨解君和杨高臣，2017），在我国的实践当中，还存在着中央政府、地方政府和企业的双重委托代理问题（侯贵生等，2022）。此外，创新补贴政策效果还将受到其他多种因素的影响。例如，不同生命周期的企业对于创新补贴的反应程度不同（段姝和杨彬，2020；刘鹏振等，2022），地方补贴相较于中央补贴来说对于本地企业的创新特别是探索式创新的推动效果更大（Gao et al.，2021）等。

税收优惠能够促进研发投资的动态调整（粟立钟等，2022），且对高新技术企业中的中小型企业效果更为显著（张瑞琛等，2022），相对于创新补贴的"开源"性资金注入，税收优惠能够从"节流"角度减轻企业融资的压力（陈朝月和许治，2021；张广婷和任斯南，2021），对于融资成本敏感的高新技术企业具有重要意义。税收优惠，特别是针对高新技术企业的长期持续稳定的税收优惠的另一个重要功能是凸显了政府对于产业的支持，能够有效提振企业家信心（蔡卫星和高明华，2013；杨杨和杨兵，2020）。企业管理者的信心和积极态度能够促进企业进一步投资，促进创新活动的开展，还将进一步促进企业以更多的精力投入人力资本升级，这一观点得到了现有文献较为丰富的论证（李丽青，2008；贺玲，2012；刘啟仁和赵灿，2020），特别是在高新技术产业中，人力资本是重要的生产力和研发投入的重要内容，企业可以将自身优惠节省的资金用于人力资本的投入，如加强员工的在职培训等（Tian et al.，

2022)。人力资本的发展将促进企业创新产出的增加，为企业带来更多的税收优惠和创新补贴，形成良性循环。除此之外，税收优惠的创新推动程度还受市场化水平（许玲玲等，2021）、市场竞争程度（夏清华和黄剑，2019）、企业内部自我控制能力（陈东和邢霂，2020）等内外部因素的调节影响。

（三）创新补贴和税收优惠的政策效果研究

部分研究表明，政府的创新补贴整体上具有创新激励作用（Minford and Meenagh, 2019; Yang and Nie, 2022），在企业面临着严重的外部冲击，如反倾销政策时，这种推动效果也是显著的（熊凯军，2022）。姚林香等（2022）证明，创新补贴相对于其他非创新类的补贴，对于企业的研发投入和研发产出均有着更加显著的作用，印证了创新补贴政策的有效性。王高望和李芳慧（2022）发现创新补贴在催生创新行为的同时，还可以通过内生增长推动产业结构的转型升级。部分学者则认为政府的研发补贴可能会抑制创新，研发补贴对企业的创新绩效和创新质量均具有挤出作用（白旭云等，2019；张杰，2021）。

相较于其他企业，高新技术企业更倾向于使用创新补贴提高自身实质性创新绩效（宋砚秋等，2021）。大部分研究认为，政府的补贴有利于促进高新技术企业的创新产出提升（岳宇君和马艺璇，2023；吴绪成等，2023；滕莉莉等，2023）或创新的挤出效应表现并不明显（张明斗和霍琪炜，2020）。在细化分析中，有研究指出创新补贴虽然提升了企业的创新数量，但并不一定能提升企业的创新质量，所带来的仅仅是低质量或迎合式的创新。翟淑萍和毕晓方（2016）探讨了补贴与市场压力的双重作用对于不同创新模式激励的异质性，发现在市场压力较小时，补贴对于探索式创新这种大幅度、根本性和激进型的更高风险的创新活动（Benner and Tushman, 2003）的激励效应更强；而在面临较大市场压力时，企业更倾向于采用风险更小的开发式的创新尽快提升企业经营能力。

这显示出企业在创新模式选择上对于市场有着较强的灵活反应能力,对于创新质量来说,创新补贴更像是锦上添花而非雪中送炭。章元等(2018)的研究结论佐证了这一观点,他们发现政府补贴主要推动的是引进式而非自主式的创新、短期的而非长期的创新,表明政府的补贴对企业创新的作用可能尚未完全实现从"输血"到"造血"的跨越式转变。在这种情况下,创新补贴持续加大但效率低下,实际上陷入了内卷化的困局,造就了创新繁荣的假象,催生了"创新泡沫"(侯贵生等,2022;徐保昌等,2023)。随着研究的不断深入,研究者们发现,创新补贴与创新产出之间的关系是非线性的。补贴并非越多越好,而是应当适度为之,只有补贴在合适范围内时才能够对高新技术企业的创新活动起到最佳的促进效用(张辉等,2016;吴伟伟和张天一,2021;杨晓妹等,2021;刘鹏振等,2022;滕莉莉等,2023)。

一般而言,税收优惠中面临的政府失灵问题要少于创新补贴(黄宇虹,2018)。我国高新技术企业长期享受15%的税收优惠(韩凤芹和陈亚平,2021),较之于需要竞争或寻租才能享受的创新补贴,税收优惠更加公平,同时降低了由补贴带来的资源配置的扭曲程度(叶选挺和李明华,2015;唐书林等,2018),知识经济中,合理设计的税收优惠能够使企业和代理人均受益并推动创新,达到"双赢"效果(d'Andria and Savin,2018)。许多研究表明,税收优惠强度对高新技术企业的创新产出和创新质量存在正向激励作用(冯海红等,2015;Crespi et al.,2016;孙自愿等,2020;郑婷婷等,2020;Tian et al.,2022),且这一促进作用优于政府补贴(李子彪等,2018;唐书林等,2018;陈远燕等,2018),更对高新技术企业中僵尸企业的"起死回生"提供了重要动力(孙文浩,2021)。然而,也有学者认为税收优惠并没有明显提升企业开展突破性创新的意愿和被技术市场认可的程度,对企业的转型升级也没有明显提升作用(韩凤芹和陈亚平,2021);还有观点表明税收优惠能够显著促进企业外观型和实用新型创新效率的提升,不能提高企业的发明型创新效率,税收优惠对于高水平创新的推动能力有限（陈远燕等，2018；常青青，2020）。对税收优惠的研究还需要考虑政策特殊性的影响，如优惠的持续性和其他税种。陈朝月和许治（2021）认为可持续的税收优惠效果更佳；寇明婷等（2022）发现研发费用加计扣除政策和所得税税收优惠政策在激励企业研发活动的投入和产出时会相互干扰，一致性较弱，进而造成政策激励效果的损失。

我国政府的创新政策并非独立实施的，而是包含着政府创新补贴、高新技术企业减税、研发加计扣除等的政策组合。忽略企业同时获得不同类型政府创新政策所内含的交互作用，必然造成创新政策对企业创新活动激励效应的估计偏差（Busom et al.，2015；Castellacci and Lie，2015；Gaillard-Ladinska et al.，2015）。张杰（2021）结合我国企业的数据发现，除了各政策单独作用的效果以外，创新补贴与税收优惠的叠加实施还存在着交叉效应。具体而言，政府创新补贴政策、高新技术企业减税政策及研发加计扣除政策对企业私人创新投入均形成相互抵消的挤出效应，而高新技术企业减税政策和研发加计扣除政策则对企业私人创新投入形成相互补充的挤入效应。陈朝月和许治（2021）认为，直接补贴和税收优惠的持续性对企业创新均具有显著影响，其中交互持续性补贴结构对企业创新影响最优。高新技术企业是同时享受三种创新政策的典型代表，因此在考虑高新技术企业的创新补贴和税收优惠时，需要纳入二者的交互作用。

（四）文献述评

现有文献对于创新补贴和税收优惠的探讨比较深入，但对于二者能否促进高新技术企业的创新，以及如何和在何种程度上推动创新，尚未达成一致的观点。此外，目前学界对于二者之间交互作用和效果比较的研究仍然较少，本章将从创新投入和创新产出两个维度将创新补贴和税收优惠纳入同一框架内考察，对这些问题展开探讨，进一步剖析创新政策间的联系与区别以及二者在不同属性企业中的效果差异,并结合江苏省与其他先进地区的数据进行对比,科学评价和分析目前江苏省高新技术产业科技政策的作用效果。

三、样本选择与数据来源

2008 年,科技部、财政部和国家税务总局联合发布了《高新技术企业认定管理办法》,旨在推动科技创新和高新技术产业的发展,促进中国高新技术产业的持续发展和国家科技进步。其中重要的认定标准有,企业主要产品(服务)属于《国家重点支持的高新技术领域》规定的范围、研发人员占企业当年职工总数的 10% 以上等,而主要的优惠措施包括 15% 的企业所得税税率以及"两免三减半"等税收优惠。因为高新技术企业认定标准自 2008 年起具备明确的规范和明确的定义,同时上市企业信息披露相对完整,故而选取了 2008~2021 年沪深两地上市的高新技术企业作为样本范围。高新技术企业名单来源于 CSMAR 数据库的资质认定子库。在进行资质认定时,明确区分了上市公司本身为高新技术企业或其下属子公司被认定为高新技术企业的情况。由于子公司的高新技术认定也可能对上市公司集团的研发和创新产生影响,在基准回归中,只要集团公司内部有被认定为高新技术企业的子公司,就将其选入样本中。而在稳健性检验时,则只保留上市公司本身被认定为高新技术企业的情况进行检验。需要说明的是,其认定项目名称主要为高新技术企业,另外还有诸如软件企业、资源综合利用、龙头企业、863 计划、科技企业孵化器等项目,但后者样本量较少,在本章的异质性检验部分,也将进行简要比较。

为了确保本书研究的严谨性和稳健性,进行了以下操作:(1)剔除了金融类企业和房地产类的企业;(2)剔除了当年年份被 ST、S*ST、PT 和正在处在退市整理期的样本;(3)剔除了资产负债率小于 0 的样本；(4) 剔除了控制变量和其他关键变量缺失的样本；(5) 为了防止极端异常值的影响，对关键变量进行了上下各1%的缩尾处理。另外，在数据处理过程中，鉴于某些变量分布存在明显偏度，可能导致个别值对回归结果产生较大影响，故对这些变量进行了对数化处理。

四、实证分析

（一）变量选择

1. 解释变量的选择

解释变量主要有两个，分别为政府创新补贴和税收优惠。政府创新补贴采用郭玥（2018）的文本分析方法进行定义。具体做法是通过文本分析识别政府补贴项目中包含技术创新、企业创新成果、政府科技支持创新政策、创新人才等相关术语的项目，并将其定义为政府创新补贴项目。这些术语包括"研发""研制""科技""小巨人""独角兽""高新技术""瞪羚企业""孵化器""引才引智""产学研"等关键词。接着，对这些项目按企业和年份进行加总，然后再取对数值，从而得到创新补贴数据。本章的税收优惠变量参考了储德银等（2016）的方法，将法定税率与实际税率的差值定义为税收优惠，其中实际税率根据企业当期所得税费用与利润总额进行计算。

2. 被解释变量的选择

研发（R&D）投入直接反映了企业或机构在科技创新方面的实际投入，涵盖了企业研发所投入的人力、设备和其他资源，因此研发投入是衡量企业科技创新水平和活跃程度的重要指标。在基准回归中，本章使用研发投入（*RD*）作为被解释变量。为确保回归结果的稳健性，本章在后续分析中采用研发投入与主营业务收入的比值（*RDratio*）、研发人员数量（*RDperson*）以及研发人员数量占比（*RDpersonratio*）作为解释变量重新进行回归，以确保回归结果的准确性。研发投入是从投入端对研发创新进行衡量,在进一步的检验中将考虑从产出端,即专利授权的角度进行研究。

3. 控制变量的选择

本章借鉴了姜付秀等(2009)的做法,选取的控制变量如下:(1)企业规模($Size$),用企业总资产的自然对数表示;(2)企业年龄(Age),用样本年份减去公司成立年份加1取对数表示;(3)资产负债率(Lev),用负债与资产比值的百分数表示;(4)企业成长能力($Growth$),用企业营业收入增长率表示;(5)托宾Q值($Tobin\ Q$),由市值与总资产的比值决定;(6)净资产收益率(ROE),由净利润与所有者权益的比值决定;(7)董事会规模($Board$),用公司董事会人数表示;(8)员工人数($Staff$),用员工人数的对数值表示;(9)股权集中度($Share$),用赫芬达尔指数表示。控制变量数据均来自CSMAR数据库。

(二)模型设计

基准回归模型设计如下:

$$RD_{it} = \alpha_0 + \alpha_1 Subsidy_{it} + \gamma_1 Control_{it} + \mu_i + \lambda_t + \varepsilon_{it} \quad (4.1)$$

$$RD_{it} = \beta_0 + \beta_1 Taxinct_{it} + \gamma_2 Control_{it} + \mu_i + \lambda_t + \varepsilon_{it} \quad (4.2)$$

其中,RD_{it}为被解释变量,即企业研发投入或研发投入占比;$Subsidy_{it}$和$Taxinct_{it}$为解释变量,分别为政府创新补贴和税收优惠;$Control_{it}$为前文所述控制变量。为了进一步控制只随行业变化但不随时间变化的混杂因素以及只随时间变化但不随行业变化的混杂因素造成的内生性问题,本章引入了企业—时间双向固定效应,分别用u_i和λ_t表示,ε_{it}为随机扰动项,模型中主要考察的系数为α_1和β_1。

为了进一步捕捉政府补贴和税收优惠与企业研发投入可能存在的非线性关系,本章在式(4.1)和式(4.2)的基础上引入$Subsidy_{it}$和$Taxinct_{it}$的二次项,得到式(4.3)和式(4.4):

$$RD_{it} = \alpha_0 + \alpha_1 Subsidy_{it} + \alpha_2 Subsidy_{it}^2 + \gamma_3 Control_{it} + \mu_i + \lambda_t + \varepsilon_{it} \quad (4.3)$$

第四章　政府创新补贴与税收优惠对高新技术企业研发创新的影响

$$RD_{it} = \beta_0 + \beta_1 Taxinct_{it} + \beta_2 Taxinct_{it}^2 + \gamma_4 Control_{it} + \mu_i + \lambda_t + \varepsilon_{it} \quad (4.4)$$

(三) 基准回归

1. 描述性统计

表4-1展示了描述性统计结果。研发创新和政府创新补贴均采用取对数后的结果。研发投入(RD)的均值为18.39，接近中位数，方差为1.4，表明整体趋近于正态分布。政府创新补贴($Subsidy$)的中位数为16.38，最小值为0，最大值为20.47。税收优惠($Taxinct$)的平均值为4%，显示高新技术企业普遍享受到较为可观的优惠税率，即企业税负平均略低于法定税率。然而，部分企业个别年份由于税收惩罚或退税等原因导致实际税负偏离法定税率，因此税收优惠的最大值和最小值分别为73%和-59%。控制变量的描述性统计如表4-1所示，不再赘述。

表4-1　描述性统计

变量	N	Mean	SD	Min	p50	Max
RD	12 088	18.39	1.40	10.47	18.30	24.41
$Subsidy$	12 088	16.38	1.59	0	16.48	20.47
$Taxinct$	12 088	0.04	0.23	-0.59	0.02	0.73
$Size$	12 088	22.29	1.27	19.80	22.12	26.19
Age	12 088	9.92	7.13	1	8	28
Lev	12 088	0.41	0.19	0.05	0.40	0.87
$Growth$	12 088	0.20	0.35	-0.45	0.14	2.08
$Tobin\ Q$	12 088	2.05	1.21	0.87	1.66	7.76
ROE	12 088	0.07	0.12	-0.62	0.08	0.32
$BoardScale$	12 088	8.47	1.58	5	9	14
$Staff$	12 088	7.910	1.19	5.28	7.83	11.34
$Share$	12 088	0.19	0.17	0.04	0.14	1

2. 基准回归检验

基准回归结果如表4-2所示，其中模型1至模型3探讨政府补贴对企业研发投入的影响，模型4至模型6探讨税收优惠对企业研发投入的影响,并在所有模型中控制了时间和行业固定效应。模型 1 未添加控制变量时,政府创新补贴对企业研发投入呈现正向显著影响;但在模型 2 添加控制变量后,影响反而变为负向,尽管不显著。由此可见,单一正向的显著影响可能缺乏稳健性。因此,在模型 3 中,我们引入了政府创新补贴的二次项,以探索其与企业研发创新之间可能存在的二次型关系。在模型 3 中,引入 $Subsidy2$ 作为政府创新补贴 $Subsidy$ 的二次项。从表 4-2 可观察到,一次项系数显著为正,而二次项系数显著为负,表明政府创新补贴与企业研发投入之间呈现倒 U 型关系,并且对称轴大于 0。因此,可以认为当政府创新补贴小于某一阈值时,其对企业研发投入具有正向影响;而当创新补贴大于该阈值时,其对企业研发投入的影响则变为负向。这也阐明了为何线性模型下的结果不具备稳健性。模型 4 为未添加控制变量时的税收优惠对企业研发投入的影响,结果显示在 1% 的水平上显著。模型 5 在模型 4 的基础上添加了控制变量,结果依然显著。为了查看税收优惠与企业研发投入之间是否有二次关系,我们同样引入了税收优惠 $Taxinct$ 的二次型 $Taxinct2$,结果显示一次项和二次项的系数均显著,说明可以认为二者之间存在正 U 型关系,但对称轴小于 0,因此,当税收优惠为正时,税收优惠与研发投入是正向的线性关系。

表 4-2　　　　　　　　　　基准回归结果

变量	模型 1	模型 2	模型 3	模型 4	模型 5	模型 6
	RD	RD	RD	RD	RD	RD
$Subsidy$	0.120*** (9.663)	-0.009 (-1.067)	0.235*** (10.189)			
$Subsidy2$			-0.009*** (-9.759)			
$Taxinct$				2.300*** (29.737)	0.969*** (21.589)	0.943*** (20.839)
$Taxinct2$						0.550*** (4.899)

续表

变量	模型1 RD	模型2 RD	模型3 RD	模型4 RD	模型5 RD	模型6 RD
Size		0.686*** (27.982)	0.691*** (28.793)		0.628*** (26.848)	0.625*** (26.756)
Age		-0.011*** (-4.640)	-0.010*** (-4.414)		-0.010*** (-4.648)	-0.010*** (-4.753)
Lev		-0.518*** (-6.420)	-0.509*** (-6.376)		-0.475*** (-6.271)	-0.485*** (-6.427)
Growth		-0.026 (-1.108)	-0.026 (-1.109)		-0.037* (-1.649)	-0.033 (-1.483)
Tobin Q		0.088*** (8.838)	0.090*** (9.189)		0.072*** (7.769)	0.071*** (7.679)
ROE		0.333*** (3.910)	0.339*** (3.993)		0.524*** (6.459)	0.545*** (6.736)
BoardScale		0.003 (0.344)	0.004 (0.434)		0.002 (0.241)	0.002 (0.205)
Staff		0.330*** (14.902)	0.333*** (15.289)		0.307*** (14.866)	0.305*** (14.842)
Share		0.137 (1.314)	0.141 (1.367)		0.141 (1.375)	0.139 (1.362)
Constant	16.419*** (75.130)	0.696 (1.558)	-1.125*** (-2.659)	18.302*** (870.120)	1.996*** (4.791)	2.068*** (4.966)
R^2	0.237	0.725	0.729	0.355	0.746	0.747
Year	Yes	Yes	Yes	Yes	Yes	Yes
Firm	Yes	Yes	Yes	Yes	Yes	Yes
N	12 083	12 083	12 083	12 083	12 083	12 083

注：***、*分别表示在1%、10%的水平上显著，括号内为T值。

3. 内生性检验

在基准回归分析中，我们观察到政府补贴和税收优惠对企业的研发投入具有显著影响，然而，这种关系可能是由于企业自身较高的研发投入而获得更多政府补贴或税收优惠，即存在反向因果影响的可能性，从而导致内生性问题。为解决这一问题，本章借鉴了范源源和李建军（2023）所用的方法，以企业各年份所在地级市的平均政府补贴和税收优惠作为工具变量。由于一个地级市的政府政策具有一致性，政府创新补助较高的省份中每个企业获得高额补助的可能性较大，对税收优惠也是类似情况。因此，地级市平均政府补贴和税收优惠与企业的政府补贴和税收优惠之间存在较强的相关性，符合工具变量的相关性假设。而企业的创新投入虽然可能影响其自身获得的创新补贴或税收优惠，但对整个地区平均创新补贴或税收优惠水平影响较弱，可视为满足工具变量的外生性假设。地区平均政府补贴水平和税收优惠水平同时满足相关性和外生性假设，因此是一个合适的工具变量。

本章采用2SLS方法对工具变量的内生性进行检验，结果如表4-3所示。其中，模型1和模型3分别为政府补贴和税收优惠的第一阶段回归，模型2和模型4为第二阶段回归。政府补贴和税收优惠按地区平均的工具变量分别记为 $Subsidy\_city$ 和 $Taxinct\_city$。在模型1中，$Subsidy\_city$ 与 $Subsidy$ 的回归系数接近1，并且显著性水平非常高，表明 $Subsidy\_city$ 与 $Subsidy$ 之间具有强相关性。第一阶段的F检验值远大于10，排除了弱工具变量的可能性，因此通过了工具变量的第一阶段回归检验。在模型2中，$Subsidy$ 使用第一阶段的拟合值，从而排除了间接影响研发投入的混杂因素，回归结果显示 $Subsidy$ 的一次项显著为正，二次项显著为负，与基准回归的结论相一致。这表明在排除了内生性问题后，政府创新补贴与企业研发投入仍然呈现倒U型关系。在模型3中，$Taxinct\_city$ 对 $Taxinct$ 在1%的水平上显著，且F统计量远大于10，因此也排除了 $Taxinct\_city$ 为弱工具变量的可能性，即通过了第一阶段的检验。在模型4中，$Taxinct$ 的一次项和二次项系数均显著为正，与基准结论相同，也说明排除内生性问题后，企业税收优惠仍然能够正向促进企业研发投入。由于单一工具变量下不可做过度识别检验，即无法通过假设检验的方法进行外生性检验，但可以对相关性做更为稳健的检验，因此本章又进行了LM统计量的不可识别检验以及 Cragg-Donald Wald F 统计量的弱工具变量检验，结果显示均不存在弱工具变量问题。

表 4-3　　　　　　　　内生性检验（地区均值作为工具变量）

变量	模型1 第一阶段回归 Subsidy	模型2 第二阶段回归 RD	模型3 第一阶段回归 Taxinct	模型4 第二阶段回归 RD
Subsidy_city	0.938*** (21.33)			
Subsidy		0.235*** (12.717)		
Subsidy2		-0.009*** (-13.596)		
Taxinct_city			0.872*** (55.90)	
Taxinct				0.943*** (30.555)
Taxinct2				0.550*** (5.967)
Controls	Yes	Yes	Yes	Yes
F	11 738.65	2 049.38	660.16	2 268.92
R^2	0.237	0.653	0.729	0.675
Year	Yes	Yes	Yes	Yes
Firm	Yes	Yes	Yes	Yes
N	12 083	12 083	12 083	12 083

注：*** 表示在1%的水平上显著，括号内为 T 值。

除使用地区层面的均值作为工具变量外，本章还借鉴了侯尚法（2022）的做法，采用各企业政府补贴和税收优惠的滞后一期作为工具变量。政府补贴和税收优惠政策允许符合条件的企业每年获得一定的优惠，因此某企业当期的政府补贴和税收优惠与前一期存在较强的相关关系，满足工具变量相关性的要求。而企业当期的研发投入可以影响企业当期的政府补贴和税收优惠，但不影响企业前一期的政府补贴和税收优惠，满足工具变量外生性的要求。因此,企业滞后一期的政府补贴和税收优惠是一个合适的工具变量。回归结果如表 4-4 所示。表 4-4 的结构与表 4-3 类似,Subsidy_lag 和 Taxinct_lag 分别为政府补贴和税收优惠的滞后一期变量,模型 1 中 Subsidy_lag 对 Subsidy 的回归系数为 0.486 且在 1% 的水平上显著,第一阶段的 F 统计量远大于 10,因此通过了弱工具变量检验。在模型 2 中,Subsidy 一次项的回归系数显著为正,而二次项的系数显著为负,说明政府补贴对企业研发创新的影响呈现先正后负的特征,与基准回归结论一致,说明排除内生性问题后,回归结论依然稳健。在模型 3 中,Taxinc_lag 对 Taxinc 的回归系数为 0.230,虽然比使用地区均值作为工具变量时的相关性要弱,但在 1% 的显著性水平上拒绝了不相关的原假设,因此也满足相关性假设。在模型 4 中 Taxinct 一次项与二次项的系数均显著为正,说明税收优惠与企业研发投入有很强的正相关关系,也说明解决内生性问题后,基准结论依然稳健。为了保证内生性检验的可靠性,本章同样进行了不可识别检验和 Cragg-Donald Wald F 弱工具变量检验,均表明工具变量不是弱工具变量。同时,为了保证工具变量满足外生性检验,本章同时引入了按地区求均值的工具变量和滞后一期的工具变量进行 GMM 回归,并进行过度识别检验,如果拒绝原假设,则说明至少有一个工具变量不满足外生性假设。检验结果显示,卡方检验的 P 值较大,不能在 10% 的显著性水平上拒绝原假设,可以认为两个工具变量满足了外生性的假设,或至少没有找到拒绝其外生性假设的证据,因此上述工具变量内生性检验的结论是严谨的。

表 4-4　　　　　　内生性检验(滞后一期作为工具变量)

变量	模型 1	模型 2	模型 3	模型 4
	第一阶段回归	第二阶段回归	第一阶段回归	第二阶段回归
	Subsidy	RD	Taxinct	RD
Subsidy_lag	0.486*** (19.62)			

续表

变量	模型1 第一阶段回归 *Subsidy*	模型2 第二阶段回归 *RD*	模型3 第一阶段回归 *Taxinct*	模型4 第二阶段回归 *RD*
Subsidy		0.269*** (10.863)		
Subsidy2		−0.010*** (−12.357)		
Taxinct_lag			0.230*** (16.57)	
Taxinct				0.998*** (27.019)
Taxinct2				0.342*** (3.129)
Controls	Yes	Yes	Yes	Yes
F	319.80	1 391.26	99.24	1 580.79
R^2	0.271	0.700	0.246	0.726
Year	Yes	Yes	Yes	Yes
Firm	Yes	Yes	Yes	Yes
N	6 654	6 651	6 654	6 651

注：*** 表示在1%的水平上显著，括号内为T值。

（四）稳健性检验

为了验证基准回归结论的稳健性，本章使用更换被解释变量、限定解释变量取值、使用子样本三种方法重新进行检验。

1. 更换被解释变量

在基准回归中，本章使用的解释变量为研发投入总额的对数值，这是一个绝对值，容易受到企业规模的影响，一般来说，规模较大的企业研发投入的金额可能也较大，因此在基准回归中通过控制企业规模来消除这一混杂因素的影响，在表4-2中通过 *Size* 变量系数显著性也可以看出这一点。为了更直接消除这一混杂因素的影响，本章采用相对值作为被解释变量,即使用企业研发投入与主营业务收入的比值来代替研发投入的对数值进行回归,并记为 RDratio,模型1和模型2为回归的结果。模型1显示政府补贴的一次项系数显著为正,二次项系数显著为负,与基准回归结果一致,表明政府补贴对企业研发的倒 U 型关系是稳健的。模型2显示税收优惠对企业研发创新的关系在 10% 的水平上显著,显著性水平较基准结果略有下降,但仍通过了稳健性检验。除使用研发投入的相对值作为代理变量外,本章进一步采用研发人员的数量(RDperson)以及研发人员占企业人数的比重(RDpersonratio)进行稳健性检验,结果见表4-5中的模型3至模型6。除了模型3中政府补贴的二次型关系显著性水平稍有下降以外,其余关键变量的系数仍在 1% 或者 5% 的水平上显著,因此总体上可以认为基准回归的结果是稳健的。

表 4-5　　　　　　　　稳健性检验(更换被解释变量)

变量	模型1	模型2	模型3	模型4	模型5	模型6
	RDratio	RDratio	RDperson	RDperson	RDpersonratio	RDpersonratio
Subsidy	199.510*** (3.702)		0.268** (2.512)		0.900*** (3.411)	
Subsidy2	-16.076*** (-5.382)		-0.006 (-1.293)		-0.023** (-2.051)	
Taxinct		196.851* (1.919)		3.728*** (13.365)		8.210*** (11.288)
Taxinct2		770.022* (1.869)		6.151*** (6.587)		12.457*** (5.552)
Controls	Yes	Yes	Yes	Yes	Yes	Yes
R^2	0.371	0.347	0.328	0.351	0.459	0.476
Year	Yes	Yes	Yes	Yes	Yes	Yes
Firm	Yes	Yes	Yes	Yes	Yes	Yes
N	8946	8946	11585	11585	8915	8915

注:***、**和*分别表示在 1%、5% 和 10% 的水平上显著,括号内为 T 值。

2. 限定解释变量取值

政府创新补贴数据处理中,部分企业因未获得政府补贴而在样本中

第四章 政府创新补贴与税收优惠对高新技术企业研发创新的影响

不存在,另一部分企业虽有政府补贴但与创新投入无关,导致创新补贴数额为0。为避免0值聚集对估计结果造成偏差,本章排除创新补贴为0的企业,并对剩余样本重新进行回归。回归结果如表4-6中的模型1至模型3所示。模型1呈现显著正向关系,模型2呈现显著负向关系,暗示着单一的正负影响效应并不稳健。在模型3中引入二次项,进一步验证了倒U型关系的存在,与基准回归结果一致。在税收优惠数据处理中,部分企业虽然享受了税收优惠,但可能因其他原因同时受到税收惩罚,导致实际税负超过法定税率。为避免样本损失引起的偏差,在基准回归中保留了这部分数据,得到了正U型关系且对称轴小于0。因此,对于税收优惠大于0的企业,税收优惠与研发投入是单一正向关系。为验证结论的稳健性,本章仅保留 $Taxinct > 0$ 的样本,并在回归中仅引入 $Taxinct$ 的一次项。回归结果如表4-6中模型4和模型5所示,表明税收优惠能够显著促进企业研发投入,从而证实基准回归的结论是稳健的。

表4-6 稳健性检验(限定解释变量取值)

变量	模型1	模型2	模型3	模型4	模型5
	RD	RD	RD	RD	RD
Subsidy	0.107*** (7.033)	-0.035*** (-4.070)	0.495*** (3.674)		
Subsidy2			-0.017*** (-3.920)		
Taxinct				3.747*** (27.777)	1.075*** (14.566)
Controls	Yes	Yes	Yes	Yes	Yes
R^2	0.231	0.726	0.728	0.369	0.809
Year	Yes	Yes	Yes	Yes	Yes
Firm	Yes	Yes	Yes	Yes	Yes
N	12 059	12 059	12 059	7 125	7 125

注:*** 表示在1%的水平上显著,括号内为T值。

3. 使用子样本

在高新技术企业筛选过程中,只要集团公司内部有企业被认定为高新技术企业,就将整个集团公司视为高新技术企业。然而,考虑到部分子公司规模较小,尽管被认定为高新技术企业,对集团公司整体的影响可能有限。为确保结果的稳健性,本章仅使用上市公司本身被认定为高新技术企业的情况进行回归。回归结果如表4-7所示,可以发现政府创新补贴和税收优惠与基准回归结果高度一致,因此使用仅包含上市公司本身认定情况的样本进行回归也是稳健的。但由于施加这一样本限制会导致样本损失较大,为使用更加充分的样本信息,其余部分的检验仍使用基准回归中的样本进行。

表4-7 稳健性检验(使用子样本)

变量	模型1 RD	模型2 RD	模型3 RD	模型4 RD	模型5 RD	模型6 RD
Subsidy	0.222*** (13.437)	0.024** (2.435)	0.136*** (5.465)			
Subsidy2			-0.004*** (-4.046)			
Taxinct				1.890*** (17.789)	0.682*** (11.435)	0.654*** (11.030)
Taxinct2						0.865*** (5.013)
Controls	Yes	Yes	Yes	Yes	Yes	Yes
R^2	0.287	0.744	0.745	0.326	0.755	0.758
Year	Yes	Yes	Yes	Yes	Yes	Yes
Firm	Yes	Yes	Yes	Yes	Yes	Yes
N	3 620	3 620	3 620	3 620	3 620	3 620

注:***、**分别表示在1%、5%的水平上显著,括号内为T值。

(五)机制检验

1. 政府补贴对企业研发投入的机制检验

在基准回归检验中,我们发现政府补贴对企业研发投入存在倒U型的非线性关系,说明政府补贴可能对研发投入同时有正向和负向的影响

第四章 政府创新补贴与税收优惠对高新技术企业研发创新的影响

途径，当正向影响大于负向影响时，政府补贴对企业研发产生正向影响，反之产生负向影响。本章将政府创新补贴对企业融资约束的影响作为其影响研发投入的一个传导途径，因为这些补贴为企业提供了额外资金支持，减轻了研发投入负担，降低了研发成本，从而在一定程度上减少了融资压力。对于融资约束的衡量，本章首先借鉴了卡普兰和津加莱斯（Kaplan and Zingales，1997）的做法，采用有序逻辑回归法（OLR）估计 KZ 指数。具体做法如下：（1）如果企业经营现金流/年初总资产（$CF_{it}/Asset_{it-1}$）低于中位数则 $KZ1$ 取 1，否则取 0；如果现金股利/年初总资产（$Div_{it}/Asset_{it-1}$）低于中位数则 $KZ2$ 取 1，否则取 0；如果现金持有/年初总资产（$Cash_{it}/Asset_{it-1}$）低于中位数则 $KZ3$ 取 1，否则取 0；如果资产负债率（Lev_{it}）高于中位数则 $KZ4$ 取 1，否则取 0；如果托宾 Q（$TobinQ_{it}$）高于中位数则 $KZ5$ 取 1，否则取 0。（2）计算 $KZ = KZ1 + KZ2 + KZ3 + KZ4 + KZ5$。（3）通过回归 $KZ_{it} = \alpha_1 \times CF_{it}/Asset_{it-1} + \alpha_2 \times Lev_{it} + \alpha_3 \times Div_{it}/Asset_{it-1} + \alpha_4 \times Cash_{it}/Asset_{it-1} + \alpha_5$ 计算 KZ 的拟合值得到 KZ 指数。结合 KZ 指数的计算逻辑可知，KZ 指数越大表示融资约束越严重，反之表示融资约束越弱。

除融资约束外，政府创新补贴具有一种信号效应，类似于向企业传递了一个隐含的"政府认可"标志。在企业需要融资时，政府通过筛选和优胜劣汰的方式发放补贴，向投资者传递积极的信号，这个信号表明这些企业得到了政府的支持和认可，从而有助于弥补企业和投资者之间的信息不对称问题，并传递出积极的投资信息。因此，投资者更容易对这些企业产生信任，并愿意提供更多投资，从而帮助企业克服融资难题。本章借鉴了郭玥（2018）的做法，采用企业前十大股东中是否存在风险投资机构（VC），如果存在则记为 1，否则记为 0。

此外，创新活动通常伴随着较高的不确定性，包括技术风险、市场风险和竞争风险等。政府的补贴可以减轻企业在创新过程中可能面临的风险压力，从而降低其对创新投资的风险感知。这种减轻风险压力的效应激发了企业开展更具冒险性质的创新活动,而不担心单一项目的失败会对企业整体带来巨大损失。因此,当企业获得政府的支持和认可时,会更有信心和动力去承担创新所带来的风险。本章借鉴了约翰等(John et al.,2008)以及余明桂等(2013)的做法,采用经过行业调整的企业 ROA 三年滚动标准差来表示企业的风险承担能力($RiskTaking$),具体公式如下所示:

$$Adj\_ROA_{it} = \frac{EBIT_{it}}{ASSET_{it}} - \frac{1}{X}\sum_{k=1}^{X}\frac{EBIT_{it}}{ASSET_{it}} \quad (4.5)$$

$$RiskTaking_{it} = \sqrt{\frac{1}{T-1}\sum_{t=1}^{T}(Adj\_ROA_{it} - \frac{1}{T}\sum_{t=1}^{T}Adj\_ROA_{it})^2} \mid T=3 \quad (4.6)$$

企业的风险承担能力越强则 $RiskTaking_{it}$ 越大,反之 $RiskTaking_{it}$ 越小。

最后,政府创新补贴对企业具有显著的经济激励效应,然而由于其吸引力,存在潜在的寻租或骗补行为,即一些企业可能采取不正当的手段(如行贿等)试图获取更多的补贴,从而增加了企业的创新成本,降低了创新效率。而且,政府可能难以准确判定哪些企业真正具备创新能力和需求,使得一些低质量的企业可能会伪装成符合条件的形象以获得补贴。此外,政府可能面临监管和评估方面的挑战,难以有效监控补贴资金是否真正用于创新活动。这些问题导致政府的创新资源可能被浪费,未能真正用于推动科技创新,从而对企业的研发投入创新产生抑制影响。本章借鉴了杜兴强等(2010)的做法,以超额管理费(Rent)作为寻租效应的代理变量,其计算公式如下:

$$\begin{aligned} Mgtep_{it} = &\beta_0 + \beta_1 \ln sale_{it} + \beta_2 Lev_{it} + \beta_3 Growth + \beta_4 BoardScale_{it} \\ &+ \beta_5 Staff_{it} + \beta_6 Big4 + \beta_7 Age_{it} + \beta_8 Magin_{it} + \beta_9 Share \\ &+ \mu_i + \lambda_t + \varepsilon_{it} \end{aligned} \quad (4.7)$$

其中,$Mgtep$ 为企业的管理费用,$Big4$ 为企业的审计事务所是否为四大会计师事务所,$Magin$ 为公司的毛利率,其余的控制变量与基准回归中的定义相同,回归后残差估计量即为超额管理费。

第四章 政府创新补贴与税收优惠对高新技术企业研发创新的影响

本章借鉴了心理学中使用较为普遍的中介效应模型（温忠麟和叶宝娟，2014）。具体的检验模型如下：

$$RD_{it} = \alpha_0 + \alpha_1 Subsidy_{it}/Taxinct_{it} + \alpha_2 Contorl_{it} + \mu_i + \lambda_t + \varepsilon_{it} \quad (4.8)$$

$$mediator_{it} = \nu_0 + \nu_1 Subsidy_{it}/Taxinct_{it} + \nu_2 Contorl_{it} + \mu_i + \lambda_t + \varepsilon_{it} \quad (4.9)$$

$$RD_{it} = \rho_0 + \rho_1 Subsidy_{it}/Taxinct_{it} + \rho_2 mediator_{it} + \rho_3 Contorl_{it} + \mu_i + \lambda_t + \varepsilon_{it}$$
$$(4.10)$$

其中，式（4.8）为基准回归模型，若 α_1 显著，则进行式（4.9）的检验。在式（4.9）中，解释变量政府创新补贴（Subsidy）或者税收优惠（Taxinct）对中介变量做回归，重点观察 Subsidy 或者 Taxinct 的系数 ν_1 是否显著，如果显著则说明政府补贴或者税收优惠对中介变量有一定的影响，进而进行式（4.10）的检验。在式（4.10）中，同时将解释变量 Subsidy/Taxinct 与中介变量 mediator 纳入回归中，若 Subsidy/Taxinct 的系数 ρ_1 与中介变量的系数 ρ_2 都显著则说明 mediator 对 Subsidy/Taxinct 起到了完全中介效应的作用，若仅有 ρ_2 显著而 ρ_1 不显著则说明 mediator 对 Subsidy/Taxinct 起到了部分中介效应的作用，若 ρ_1 与 ρ_2 均不显著则说明 mediator 没有对 Subsidy/Taxinct 起到中介效应。

表4-8展示了融资约束和信号传递的中介效应检验结果。表4-9展示了风险承担和寻租效应的中介效应检验结果。在表4-8的模型1中，政府补贴对企业的 KZ 指数呈显著负向影响，而 KZ 指数越小表示融资约束程度越低，说明政府补贴能够有效缓解企业的融资约束问题。在模型2的第三步检验中，KZ 指数对企业的研发投入有显著影响，表明 KZ 指数在政府补贴影响研发投入方面起到了完全中介效应的作用。接着，在模型3和模型4中对信号传递的机制进行了检验。从模型3可以看出，政府补贴对风险投资（VC）呈显著正向影响，意味着获得政府创新补贴越多的企业越有可能受到风险投资机构的投资，因此政府补贴向社会传递了积极的影响信号，具有信号传递的作用。表4-9中的模型1和模型2分别为风险承担的中介效应检验，Risktaking 越大表示企业的

风险承担能力越强,而政府补贴的系数显著为正,说明政府补贴能够提高企业的风险承担能力。在模型2中同时引入 *Subsidy* 与 *Risktaking* 对企业研发投入作回归,发现两者的系数均有显著影响,因此缓解风险承担在政府补贴影响企业研发投入中起到了部分中介效应的作用。最后,根据前文的分析,本章从寻租和骗补角度进一步分析政府补贴对研发投入可能存在的影响。模型3显示政府补贴对企业的寻租行为有显著的正向影响,也即政府补贴越多,部分企业通过游说官员或其他虚假行为进行骗补的可能性越大;模型4中 *Rent* 系数的负向显著性进一步说明了企业的寻租等非生产性行为会挤占研发创新的资源,即对研发创新产生挤出效应。这一发现提示政府在实施创新补贴政策时需注意防范和遏制企业的寻租行为,以确保补贴资源真正用于推动科技创新。从上述分析可以发现,通过政府创新补贴能够缓解企业的融资约束,为企业传递积极的信号、增强企业的风险承担能力等途径促进了研发投入,而寻租行为挤占了生产性活动,可能会对企业的研发创新产生抑制作用。从机制分析中可以发现,政府补贴对企业的研发投入有正反两方面的影响渠道,最终的影响方向取决于两者作用效应的大小。当政府补贴水平比较低时,企业游说官员或者骗补的成本相对较大,因此负向作用较弱,正向影响超过了负向影响,总体呈现出促进企业研发创新的结果。但是,当政府的创新补贴水平比较高的时候,企业更有动力进行寻租活动,此时负向影响超过了正向影响,总体呈现出抑制企业研发创新的结果。这一机制检验解释了为什么政府补贴对企业研发创新存在先正向促进后抑制的倒U型关系。

表4-8 政府补贴的中介效应模型(融资约束、信号传递)

变量	模型1	模型2	模型3	模型4
	融资约束		信号传递	
	第二步	第三步	第二步	第三步
	KZ	*RD*	*VC*	*RD*

续表

变量	模型1	模型2	模型3	模型4
	融资约束		信号传递	
	第二步	第三步	第二步	第三步
	KZ	RD	VC	RD
Subsidy	-0.037*** (-3.35)	-0.006 (-1.088)	0.040*** (14.06)	-0.001 (-0.143)
KZ		-0.074*** (-15.620)		
VC				0.120*** (7.220)
Controls	Yes	Yes	Yes	Yes
R^2	0.045	0.592	0.0551	0.596
Year	Yes	Yes	Yes	Yes
Firm	Yes	Yes	Yes	Yes
N	11 180	11 180	12 088	12 088

注：*** 表示在1%的水平上显著，括号内为T值。

表4-9　政府补贴的中介效应模型——风险承担、寻租效应

变量	模型1	模型2	模型3	模型4
	风险承担		寻租效应	
	第二步	第三步	第二步	第三步
	Risktaking	RD	Rent	RD
Subsidy	0.005*** (6.81)	-0.013** (-2.280)	0.028*** (7.60)	0.005 (0.941)
Risktaking		0.273*** (3.206)		
Rent				-0.031** (-2.388)
Controls	Yes	Yes	Yes	Yes
R^2	0.267	0.622	0.091	0.595
Year	Yes	Yes	Yes	Yes
Firm	Yes	Yes	Yes	Yes
N	9 327	9 327	12 088	12 088

注：***、** 分别表示在1%、5%的水平上显著，括号内为T值。

2. 税收优惠对企业研发投入的机制检验

基准回归中，我们发现税收优惠对企业研发创新具有正向的促进作用，造成这种影响的机制是什么？本章从融资约束、管理者信心和人力资本积累三部分进行分析。首先，由于创新活动通常具有较高的风险和长期性质，且产出存在不确定性，企业在有限预算约束下更倾向于将资金用于短期、产出明确的生产性活动。然而，通过税收优惠政策的措施，如加速折旧或缩短折旧年限，企业能够将应缴的所得税款递延至未来，实质上相当于获得了一种"无息贷款"，从而缓解了现金流约束，提高了企业开展创新活动的空间和能力。因此，税收优惠政策在减轻企业融资约束、促进企业创新投入方面发挥了重要的作用。对于融资约束的衡量，本章同样采用 KZ 指数进行衡量。税收优惠政策除了为企业提供现金流增加的实质性支持以外，还能使企业管理者感知到政府的积极信号，表明政府对企业的创新努力给予支持和认可。这种信心提升降低了管理者对创新活动的不确定性和风险感知，增强了他们对创新产出的预期。因此，管理者更倾向于将企业的资源和精力投入研发创新领域，以追求更高的创新产出。即税收优惠可以通过增加企业管理者的信心促进企业的研发创新。本章借鉴文芳和汤四新（2012）的做法，使用管理者持股数量的变化表示管理者的信心，持股数量增加表示管理者有充足的信心，否则为缺乏信心。具体的表达式为：管理者信心（$Confi$）= 1 +（管理者年末的持股数量 − 管理者上年末的持股数量 − 管理者获得的分红送股数量）/管理者上年末的持股数量。$Confi$ 数值越大，表示管理者越有信心。最后，税收优惠政策通过降低企业的税负、增加企业现金流，为企业提供更多资金用于人力资源的培训和发展，从而激励企业的研发创新。人力资本是企业的重要资源，包括员工的知识、技能、经验和能力，对企业的创新能力和竞争力至关重要。通过税收优惠政策，企业能够更容易地对员工进行培训，增强员工的技能水平和创新意识，进而增强企业的创新能力。这将有助于提高创新成功率和效率，吸引和留住高素质的人才，从而促进

第四章 政府创新补贴与税收优惠对高新技术企业研发创新的影响

企业的研发创新活动，推动科技创新的进程。即税收优惠能够通过增加人力资本促进企业的研发创新。本章借鉴了范源源和李建军（2023）的做法，采用本科以上学历人工数的对数值表示人力资本积累的代理变量。

检验结果如表4-10所示。模型1和模型2是融资约束的中介效应检验，从模型1中可以看出，税收优惠能够显著降低企业的KZ指数，所以能起到缓解融资约束的作用；模型2中 Taxinct 与 KZ 指数都对研发投入在1%的水平上显著，说明融资约束是税收优惠促进企业创新的部分中介。模型3和模型4是管理者信心的中介效应检验，从模型3中可以看出，Taxinct 对 Confi 具有显著的正向影响，因此税收优惠能够显著提高企业管理者的信心；而模型4表明管理者信心的提高能够促进企业研发创新。模型5和模型6是人力资本积累的中介效应检验，在模型5中，税收优惠能够显著提高企业的人力资本积累；在模型6中，人力资本积累与税收优惠同时对企业的研发投入产生正向显著影响，说明税收优惠能够通过为企业增加更多的人力资本而促进企业创新。上述分析表明，税收优惠政策通过缓解企业的融资约束、增加管理者信心和积累人力资本等途径促进企业的研发投入。基准回归结果表明，当税收优惠大于0时，其与企业的投入呈现正相关关系，上述三个机制可以解释其正向影响的原因。

表4-10 税收优惠的中介效应模型（融资约束、管理者信心、人力资本积累）

变量	模型1	模型2	模型3	模型4	模型5	模型6
	融资约束		管理者信心		人力资本积累	
	第二步	第三步	第二步	第三步	第二步	第三步
	KZ	RD	Confi	RD	Humancap	RD
Taxinct	-1.809*** (-24.47)	1.351*** (36.723)	0.273*** (5.58)	1.360*** (36.599)	0.484*** (14.89)	1.260*** (36.723)
KZ		-0.036*** (-7.798)				

续表

变量	模型1	模型2	模型3	模型4	模型5	模型6
	融资约束		管理者信心		人力资本积累	
	第二步	第三步	第二步	第三步	第二步	第三步
	KZ	*RD*	*Confi*	*RD*	*Humancap*	*RD*
Confi				0.038*** (4.933)		
Humancap						0.295*** (30.421)
Controls	Yes	Yes	Yes	Yes	Yes	Yes
R^2	0.474	0.636	0.034	0.657	0.707	0.669
Year	Yes	Yes	Yes	Yes	Yes	Yes
Firm	Yes	Yes	Yes	Yes	Yes	Yes
N	11 180	11 180	9 481	9 481	11 617	11 617

注：*** 表示在1%的水平上显著，括号内为T值。

（六）进一步检验

1. 交互效应检验

基于上述基准回归检验结果，我们发现政府创新补贴对企业的研发创新存在正向和负向的影响，而税收优惠对企业的研发创新有显著的正向影响。通过机制检验，我们认识到政府补贴和税收优惠对研发投入的影响渠道有相似之处，即通过对企业的资金支持来激励企业的创新活动。如果企业同时受益于税收优惠和创新补贴，对其研发创新的影响将是怎样的呢？为了探讨这一问题，本章引入两者的交互效应进行回归分析，回归结果如表4-11所示。我们特别关注政府创新补贴和税收优惠的交互项（*Subsidy* × *Taxinct*）的系数。从模型1和模型2可以观察到，该交互项的系数显著为负，表明政府创新补贴和税收优惠之间存在明显的替代效应。这意味着这两种政策在促进企业研发创新方面发挥了类似的作用，与机制检验中相似的传导途径结果一致。因此，政府在激励企业研发创新时，可以根据实际情况选择更为便利和契合的政策，以达到更好的效果。

表 4-11　　　　　　　　　　交互效应检验

变量	模型1 RD	模型2 RD
Subsidy	0.110*** (9.885)	-0.007 (-0.883)
Taxinct	7.648*** (9.440)	1.754*** (4.170)
Subsidy × Taxinct	-0.328*** (-6.980)	-0.048* (-1.873)
Controls	No	Yes
R^2	0.376	0.746
Year	Yes	Yes
Firm	Yes	Yes
N	12 083	12 083

注：***、*分别表示在1%、10%的水平上显著，括号内为T值。

2. 异质性检验

在基准回归和机制检验的基础上，为获得更多有价值的结论，本章从四个方面进行了异质性检验，分别为产权性质的异质性、地区的异质性、高新技术企业类型的异质性和研发费用的异质性。

首先，按企业的产权性质进行了异质性检验，将企业分为国有企业和非国有企业，回归结果如表4-12所示。结果显示，无论是国有企业还是非国有企业，在政府创新补贴与企业研发创新之间均存在倒U型关系，同时税收优惠能够显著促进企业的研发投入，表明这两种政策对于企业创新发展具有普适性。然而，我们在比较两类企业回归系数的大小和显著性时发现了细微差别。具体而言，政府创新补贴对于国有企业影响的显著性和系数大小均大于非国有企业；而税收优惠则在非国有企业中的显著性更高。这可能是因为国有企业通常在政府的直接监管和指导下运营，与政府之间有更为紧密的关系，因此政府创新补贴在国有企业中的传导效应可能更为直接和有效，政府补贴可能更容易被国有企业用于创新活动，同时也更有可能被政府视为对企业的奖励和认可，从而增强了国有企业的研发创新预期。而非国有企业相对更加市场化和更具竞争性，它们在追求创新时可能更加依赖自身的技术能力和市场需求。尽管政府创新补贴对非国有企业也可能有正向影响，但其作用可能相对较弱。相比之下，非国有企业可能更受益于税收优惠等市场化的政策措施，这些措施可以增加企业的现金流和降低创新成本，进而激励非国有企业更加积极地投入研发创新。

表 4-12 异质性检验（产权性质异质性）

变量	模型 1	模型 2	模型 3	模型 4
	国有企业		非国有企业	
	RD	RD	RD	RD
Subsidy	0.313*** (7.217)		0.170*** (6.747)	
Subsidy2	-0.013*** (-8.017)		-0.005*** (-5.393)	
Taxinct		1.121*** (12.188)		0.798*** (18.008)
Taxinct2		0.160 (0.722)		0.757*** (6.181)
Controls	Yes	Yes	Yes	Yes
R^2	0.735	0.748	0.729	0.746
Year	Yes	Yes	Yes	Yes
Firm	Yes	Yes	Yes	Yes
N	3 197	3 197	8 534	8 534

注：*** 表示在 1% 的水平上显著，括号内为 T 值。

其次，在地区层面进行了异质性检验。江苏省拥有知名高校和科研机构培养的科技人才、高新技术产业的集聚、政府积极的政策支持以及产学研结合的紧密合作，这些优势有助于推动该地区的研发创新。因而，在研发创新总量上，广东省常年处于国内第一的水平。因此，本章将江苏省与广东省进行比较，探讨二者在研发创新能力方面的差距。另外，尽管上海市在研发创新总量上不一定超过江苏省，但作为我国高新技术的重要聚集地，上海也应被纳入分析范围。本章对江苏省、广东省和上海市进行比较分析，以探究地区间研发创新的差异。回归结果如表 4-13 所示。其中，模型 1 和模型 2 对应江苏省，模型 3 和模型 4 对应广东省，模型 5 和模型 6 对应上海市。结果表明，在广东省和上海市，政府补贴与税收优惠政策能够明显促进企业的研发创新。然而，对于江苏省，只有税收优惠对研发创新起到了明显的促进作用，政府补贴对创新的促进作用较弱。可能的原因是，江苏省创新补贴政策的设计和执行存在一定的不足，导致其对企业研发创新的激励效果较为有限。另外，也可能与江苏省在研发创新方面的产业结构和特点有关，相比广东省和上海市，江苏省可能更侧重于传统产业或其他形式的经济发展，导致政府创新补贴在该地区的应用对象和投入较少。因此，在政策优化中，应充分发挥江苏省政府创新补贴的积极作用，改善监督机制，降低企业寻租或骗补的风险，以实现对企业研发创新的正向激励。

表 4-13 异质性检验（地区异质性）

变量	模型 1	模型 2	模型 3	模型 4	模型 5	模型 6
	江苏省		广东省		上海市	
	RD	RD	RD	RD	RD	RD
Subsidy	-0.322 (-1.465)		0.143*** (3.300)		0.166** (2.545)	
Subsidy2	0.011 (1.535)		-0.004** (-2.159)		-0.006*** (-2.671)	1.109***
Taxinct		0.551*** (4.619)		0.832*** (10.139)	(8.077)	0.942***
Taxinct2		0.777** (2.423)		0.300 (1.395)	(2.849)	1.109***
Controls	Yes	Yes	Yes	Yes	Yes	Yes
R^2	0.745	0.753	0.773	0.788	0.799	0.821
Year	Yes	Yes	Yes	Yes	Yes	Yes
Firm	Yes	Yes	Yes	Yes	Yes	Yes
N	1 306	1 306	2 465	2 465	1 044	1 044

注：***、** 分别表示在 1%、5% 的水平上显著，括号内为 T 值。

再次,按照高新技术企业类型的异质性进行了异质性检验。在样本处理过程中,我们发现高新技术企业的类型存在一定差异,包括高新技术企业、软件企业、资源综合利用企业、火炬计划企业、龙头企业、863计划企业、科技企业孵化器等。虽然有些企业可能同时具有多个项目头衔,但除高新技术企业外,其余类型的企业数量相对较少。因此,本部分选取数量相对较多的高新技术企业、软件企业和资源综合利用企业进行异质性检验。回归结果如表4-14所示。分析表4-14数据可得,高新技术企业在政府创新补贴和税收优惠政策方面表现出较高的政策效应,而软件企业和资源综合利用企业的政策效应较为有限。可能的原因是,高新技术企业数量较多,政府在创新补贴和税收优惠等政策方面可能相对更加重视和完善,同时监督机制也可能更为健全。因此,高新技术企业更容易获得充分的政策支持,并能更有效地利用政策激励来推动其创新活动。相比之下,软件企业和资源综合利用企业数量较少,可能政府对其相关政策的关注程度较低,相关政策和监督机制的完善程度较为有限,难以发挥出政策效应。因此,在政策优化过程中,要注重小众项目类型的高新技术企业,提高政策的针对性和透明度,确保更多优质企业能够受益。

表4-14　　　　　异质性检验(高新技术企业类型异质性)

变量	模型1	模型2	模型3	模型4	模型5	模型6
	高新技术企业		软件企业		资源综合利用类企业	
	RD	RD	RD	RD	RD	RD
$Subsidy$	0.236*** (10.373)		0.502 (1.229)		1.371 (1.512)	
$Subsidy2$	-0.009*** (-9.790)		-0.017 (-1.286)		-0.048* (-1.752)	
$Taxinct$		0.924*** (20.172)		0.914*** (6.482)		1.359*** (3.806)
$Taxinct2$		0.547*** (4.802)		0.250 (0.844)		3.364*** (2.805)

第四章　政府创新补贴与税收优惠对高新技术企业研发创新的影响

续表

变量	模型1	模型2	模型3	模型4	模型5	模型6
	高新技术企业		软件企业		资源综合利用类企业	
	RD	RD	RD	RD	RD	RD
Controls	Yes	Yes	Yes	Yes	Yes	Yes
R^2	0.740	0.757	0.785	0.803	0.641	0.644
Year	Yes	Yes	Yes	Yes	Yes	Yes
Firm	Yes	Yes	Yes	Yes	Yes	Yes
N	11 448	11 448	923	923	322	322

注：***、*分别表示在1%、10%的水平上显著，括号内为T值。

最后，对研发费用会计处理方式进行了异质性检验。研发费用按照会计处理方式可分为资本化的研发费用（RDInvest）和费用化的研发费用（RDExpenses）两类。前者将企业的研发活动成本转化为资产，列入资产负债表中，作为长期资产存在；后者则将企业的研发活动成本全部计入当期损益表，作为当期费用来处理。回归结果见表4-15，从中可见，对于费用化的研发费用，政府补贴和税收优惠都对其产生了显著政策效应；然而，对于资本化的研发费用，只有税收优惠对其具有显著政策效应，政府补贴的作用较为有限。可能的原因是，对于费用化的研发支出，政府补贴和税收优惠都能直接降低企业当前期间的研发费用支出，从而鼓励企业更多地投入研发活动。费用化研发费用将全部计入当期损益表，政府补贴和税收优惠能够减轻企业负担，提供即时的经济激励。而对于资本化的研发费用，政府补贴的作用较为有限，可能是因为其成本转化为长期资产不会立即反映在企业的财务报表上，因此政府补贴对资本化研发费用的直接影响相对较弱。而税收优惠政策更为稳定和长期，根据前文的管理者信心机制，理性预期下的管理者能够及时对税收优惠政策作出反应。这一结果提示，在制定研发激励政策时，应考虑不同会计处理方式下的企业特点，以更有效地促进企业的研发活动。

表 4-15　　　　　　　　异质性检验（研发费用异质性）

变量	模型 1 费用化研发支出 RDExpenses	模型 2 费用化研发支出 RDExpenses	模型 3 资本化研发支出 RDInvest	模型 4 资本化研发支出 RDInvest
Subsidy	0.298*** (5.769)		0.032 (0.181)	
Subsidy2	-0.012*** (-6.463)		-0.001 (-0.093)	
Taxinct		1.205*** (11.951)		2.446*** (5.317)
Taxinct2		0.535** (2.450)		4.869*** (4.048)
Controls	Yes	Yes	Yes	Yes
R^2	0.680	0.698	0.251	0.257
Year	Yes	Yes	Yes	Yes
Firm	Yes	Yes	Yes	Yes
N	4 147	4 147	8 781	8 781

注：***、** 分别表示在 1%、5% 的水平上显著，括号内为 T 值。

3. 产出端分析

我们采用 R&D 投入作为企业研发创新的代理变量，该变量从投入端对研发创新进行衡量。为了更全面地评估研发活动的效果，我们进一步以专利授权量（Patent）作为产出端的代理变量进行检验，回归结果见表 4-16。模型 1 至模型 3 研究了政府创新补贴对专利授权量的影响，结果显示政府创新补贴对专利授权量具有显著的正向促进作用，表明 R&D 投入转化为研发产出的效率较高。模型 4 至模型 6 研究了税收优惠对专利授权量的影响，结果显示税收优惠在 10% 的水平上促进了企业专利授权量的增长，表明部分 R&D 产出转化为了创新成果。然而，需注意税收优惠对 R&D 产出的显著性水平为 1%，而对专利授权量的显著性水平为 10%，表明存在一定的效率损失。因此，政府在实施创新补贴政策时，不仅应提供资金支持，还需加强监管，以确保研发产出真正转化为创新成果。

第四章 政府创新补贴与税收优惠对高新技术企业研发创新的影响

表 4-16　　　　　　进一步检验（从产出端进行检验）

变量	模型1 Patent	模型2 Patent	模型3 Patent	模型4 Patent	模型5 Patent	模型6 Patent
Subsidy	0.069*** (6.000)	0.037*** (2.976)	-0.038 (-1.493)			
Subsidy2			0.003** (2.202)			
Taxinct				0.142* (1.852)	0.142* (1.852)	0.135* (1.794)
Taxinct2						0.152 (0.688)
Constant	Yes	Yes	Yes	Yes	Yes	Yes
R^2	0.059	0.083	0.083	0.082	0.082	0.082
Year	Yes	Yes	Yes	Yes	Yes	Yes
Firm	Yes	Yes	Yes	Yes	Yes	Yes
N	12 083	12 083	12 083	12 083	12 083	12 083

注：***、**和*分别表示在1%、5%和10%的水平上显著，括号内为T值。

五、研究结论与展望

（一）研究结论

本章探讨了政府创新补贴和税收优惠对企业研发创新的影响，发现政府创新补贴与研发投入之间存在倒 U 型关系，小额创新补贴对研发投入有正向促进作用，而高额创新补贴对研发投入有负向作用；税收优惠对研发投入产生正向促进效应。机制检验结果显示，政府创新补贴通过缓解融资约束、信号传递、增强风险承担、寻租效应等途径影响研发投入，其中前三者呈现正向影响，而寻租效应呈负向影响。税收优惠则通过缓解融资约束、增强管理者信心和人力资本积累等途径促进研发投入。交互效应检验表明政府创新补贴和税收优惠都能促进企业研发投入，且两者存在一定程度的替代作用，政府应根据企业特点选择合适的激励方式。异质性检验结果表明,政府补贴对国有企业研发的促进作用更强,而税收优惠对非国有企业研发的促进作用更强。地区异质性检验显示,虽然江苏省是研发创新的大省,但在创新补贴政策推动方面与广东省和上海市仍有差距,需要学习先进省份的经验来缩小差距。企业异质性检验显示,政策效应在高新技术企业中较为显著,其他小众高新技术项目有待进一步提升。研发费用异质性检验显示,政府创新补贴对费用化研发支出具有更明显的促进作用,对资本化研发支出的促进作用不明显,而税收优惠对两者均有显著的促进作用。

(二) 研究展望

本章证实了创新补贴和税收优惠在促进高新技术企业创新中的异质性机制之间存在的示范效应,为对高新技术产业审慎施策提供了科学参考。在未来的研究当中,仍然有许多待延伸和细化的内容。

第一,研究模型中可以纳入更多内外部要素,如区域的市场化程度、企业所在行业的市场竞争程度、区域的文化特征要素以及企业的内部控制能力和高管专业化程度等,考察这些宏观和微观因素在创新政策推动创新过程中的调节作用。

第二,本章从研发投入和专利产出两个维度测度了高新技术企业的创新行为,但尚未对专利的具体内容和类型进行划分和细化研究。在未来的研究中,可以进一步区分创新的类型,如开发式创新和探索式创新等,以更加细致地刻画创新政策对创新质量的影响。

第三,对于区域间创新政策的效果对比,暂时集中在省级层面,尚未对江苏省内部各地级市之间以及高新技术八大行业的不同行业之间创新政策的效果进行更加直观的测算和分析。未来可以继续测算江苏省各地级市之间的政策效果,并进行动态追踪和比对,从而更加精准地把握政策动向,及时进行政策调整。

第四,囿于数据可得性的限制,本章暂时无法区分政策实施的时点

（如事前补贴、事中补贴和事后补贴）和时段（如税收优惠的持续时间）是否会对高新技术企业的创新绩效产生深刻影响，也暂时未能研究中央政策和地方政策对于高新技术企业创新的推动效果是否具有差异性以及二者之间是否存在着交互作用。未来可以利用江苏省内部高新技术产业科技政策实施的自然实验展开深入探究。

第五章
CHAPTER 5

绿色信贷政策与企业绿色创新
——基于高新技术产业的异质性研究

一、绿色信贷政策

随着中国发展阶段的不断推进,经济增长的模式从粗放式增长逐步向集约式增长过渡。2015 年,党的十八届五中全会首次提出创新、协调、绿色、开放、共享的新发展理念。新发展理念并非完全割裂的概念,而是相辅相成、互利共生的。其中,创新发展注重的是解决发展动力问题,绿色发展注重的是解决人与自然和谐共生问题。创新是引领发展的第一动力,绿色是永续发展的必要条件和人民对美好生活追求的重要体现,只有把创新与绿色有效地结合起来,才能实现产业和整体经济的高质量转型。

党的二十大报告指出:"中国式现代化是人口规模巨大的现代化。"人口规模巨大是我国的基本国情。人口红利的释放使中国经济飞速发展,工业化、城市化及居民生活质量得到了较大的提升,与此同时,能源消耗、二氧化碳排放量也在持续增长。根据联合国环境规划署的相关数据,2009~2022 年,我国碳排放量由 77.1 亿吨提升至 114.77 亿吨,稳居世

第五章 绿色信贷政策与企业绿色创新——基于高新技术产业的异质性研究

界第一位。企业在生产和经营过程中，不可避免地会产生污染物、排放物，这些污染物、排放物会产生相当大的负外部性，危害着公众的生存环境与身体健康。然而，企业本身没有动力去纠正这一负外部性，污染造成的负外部性成为困扰世界的长期性和系统性问题。我国积极参与全球环境保护行动，加强与其他国家的交流与合作，共同应对全球气候变化和环境问题。近年来，我国采取了一系列措施来减少污染排放，包括推动能源转型、加强环境监管和技术创新等，推动企业的污染排放增速放缓，并且在一些领域实现了排放量的下降，平稳推进"碳达峰""碳中和"目标。2012 年以来，中国碳排放增速开始快速放缓，2020 年超额完成了在 2009 年首次提出的减排目标，"碳减排"已取得一定的成就。产业崛起离不开金融力量的支持，产业结构绿色转型过程中同样孕育着金融机遇。绿色金融凭借着金融系统独有的延展性和杠杆性，在绿色发展的宏观和微观调控中发挥着独特的优势，绿色信贷是其中最为典型和重要的代表。

绿色信贷的起源可以追溯到 20 世纪 70 年代的环境运动。随着环境保护意识的增强，绿色经济开始蓬勃发展，"倒逼"企业更加关注经济效益以外的社会责任。绿色信贷概念则在 20 世纪 90 年代初步提出，联合国环境规划署于 1992 年发起了"金融倡议"，鼓励金融机构将环境和社会因素纳入其业务决策中，促使诸多商业银行通过提供低息贷款或其他金融支持，吸引企业或个人投资环境项目。21 世纪初，随着全球环境污染加剧，绿色信贷得到进一步发展，它为环保项目提供资金支持，并通过引导资金流向低碳、环保的领域，侧重于通过贷款流程中的环境风险评估和资金引导等手段实现环境效益的最大化，从而推动可持续发展。2017 年，党的十九大报告把发展绿色金融作为一项重要的目标提上议程。近年来，随着绿色金融持续推进，绿色信贷、绿色债券、绿色基金、绿色保险等绿色金融工具在我国如雨后春笋般蓬勃发展，与其他金融工具相比，绿色信贷在银行与企业之间的关联性、调节性和实用性更强，因此逐步成为国家推动绿色金融发展的主要工具和金融支持实体经济的新赛道。中国人民银行数据显示，截至 2022 年底，我国本外币绿色信贷余额已达 22.03 万亿元，同比增长 38.5%，绿色信贷规模持续增长，增速达到新高，存量规模位居世界前列。国家金融监督管理总局数据显示，2023 年上半年，银行业金融机构绿色融资余额同比增长 33.9%。江苏省在绿色信贷及配套支持方面也走在全国前列，2021 年，江苏省政府出台《关于大力发展绿色金融的指导意见》（以下简称"绿金 30 条"），明确加大对绿色低碳领域的金融支持。根据《中国地方绿色金融发展报告（2022）》蓝皮书数据，江苏省绿色金融发展整体评分在全国 31 个省份中位列第 5，江苏的绿色信贷体量占到了全国规模的 1/10。除绿色信贷的存量和增量均较大外，区域性银行在绿色信贷领域表现十分突出。截至 2022 年底，在全国 27 家上市城农商行中，江苏银行以 2015 亿元绿色信贷余额位列第一。

党的二十大报告对"推动绿色发展，促进人与自然和谐共生"作出战略部署，提出必须牢固树立和践行绿水青山就是金山银山的理念，站在人与自然和谐共生的高度谋划发展，要完善支持绿色发展的财税、金融、投资、价格政策和标准体系，发展绿色低碳产业，健全资源环境要素市场化配置体系。"双碳"目标下，我国经济社会绿色低碳转型正驶入"快车道"，在产业转型升级和生态文明建设的过程中，一个重要的发展动力就是企业的绿色创新。特别是在绿色信贷政策的支持下，企业在融资便利和融资成本的推动下倾向于开展更多的研发活动从而产生更多相关的绿色专利。加强技术创新与高新技术产业密切相关，高新技术产业中的相当一部分产业，如新能源、生物技术等，本身就与绿色发展的理念息息相关，与绿色创新的实践不谋而合。例如，作为制造业强省，江苏持续推动产业结构和能源结构调整，大力发展以光伏产业为代表的新能源产业，在高新技术产业发展推动绿色创新领域积累了丰富经验，高新技术企业充分发挥其本身创新密集型的特性，进行了更多绿色创新。此外，2020 年《中共中央 国务院关于构建更加完善的要素市场化配置体

第五章　绿色信贷政策与企业绿色创新——基于高新技术产业的异质性研究

制机制的意见》正式将数据与土地、劳动力、资本、技术共同列为五大生产要素，强调要加快培育数据要素市场，这充分凸显了数字经济的时代价值。作为高新技术典型代表的数字产业为高新技术产业内部和外部企业的创新提供了必要的技术支持和数据支持，成为创新的加速器。

绿色信贷政策为企业特别是高新技术企业提供了持续且廉价的资金支持，有力地缓解了环保创新所需的高额投入和漫长的研发周期所带来的财务压力。同时，绿色信贷政策减轻了企业的财务风险，一定程度上疏解了企业从事环保创新的后顾之忧，推动企业在环境友好型技术方面进行研发，为处理污染和降低碳排放不断提供新的途径，从而在市场竞争中形成稳固的优势。高新技术企业在绿色创新中的成功还将形成一种导向和示范效应。一方面，拥有绿色专利的企业可以通过技术许可和转让绿色专利来获取利润，从而促进就业和技术转移；另一方面，高新技术产业在绿色创新领域取得的显著成效和超额利润也将进一步影响其他行业，促使其他行业企业进行绿色转型，推动整个社会朝着低碳、环保的方向发展，为生态文明建设和可持续发展作出重要贡献。通过绿色信贷的激励与制约机制，社会能够加快绿色产业的发展与"两高一剩"等高污染行业的转型，最终实现"两山论"的发展模式。

为了更加系统地研究这一问题，本章以2012年发布的《绿色信贷指引》（以下简称《指引》）作为政策冲击，细致分析了其对企业绿色创新的作用。《指引》由中国银监会发布，从组织管理、政策制度、职能建设、流通管理、内容管理、信息披露、监督检查等多个维度细化了绿色信贷的管理体系，是我国探索绿色信贷统计制度和考评评价的纲领性文件，对金融机构发展绿色信贷起到了有效的规范和指导性作用。由于高新技术产业在创新创业活动中更加活跃，对于技术前沿的掌握程度和敏锐性也更高，在同样获得绿色信贷支持的背景下，更有可能获得更为突出的创新成果。在对这一政策冲击的实证研究中，我们侧重分析其对高新技术产业的影响，以探寻相同政策在不同特性企业间作用效果的差异，并进一步讨论数字经济创新创业和政府数字经济重视程度这两个与高新技术发展密切相关的数字经济要素（我们称之为"数字环境"）是否能够进一步推动绿色专利的产生，本章也将更加深刻地回答除高新技术产业特殊的针对性政策外的一般性政策，是否会通过隐含的政策偏向性推动高新技术产业的融合、创新与发展，实现经济效益与社会效益的"双赢"。

二、文献综述

（一）绿色信贷的实施原理

根据波特和林德（Porter and Linde，1995）提出的"波特假说"，精心设计的环境法规可以刺激企业创新，从而补偿部分或全部额外的合规成本，为经济和环境创造"双赢"的局面。这使得环境政策成为世界各国广泛运用的缓解市场失灵的有效手段（Jaffe et al.，2005）。绿色信贷是环境政策中的重要内容，通过政策导向调节信贷供需来实现环境保护和节能减排的目的。政策的倾向性会影响贷款获得的速度和数量，一般而言，拥有政府政策支持或信用背书的企业能够更快更及时地获得融资。例如，布兰特和李（Brandt and Li，2003）的研究表明，在其他条件相同的情况下，相较于国有企业，民营企业获得贷款的可能性和贷款额更小，但面临的贷款条件却更为严苛。除了在贷款可得性上的差异外，企业获得贷款的期限也对创新产生着深刻影响。相对于短期投资，在长期融资更加容易获得时，企业拥有着更大的风险承担能力（Janeway，2012），这将深刻影响创新活动的速度和方向选择（Mazzucato and Semieniuk，2017）。在绿色信贷的背景下，相关企业能够更快、更多地获得长期贷款，对于企业的创新活动特别是绿色创新活动将形成强大的推动力（王馨和王营，2021）。

（二）绿色信贷的政策效果研究

随着金融的不断开放与发展以及绿色信贷政策的不断深化，学者们也开始逐步思考和测算其作用机制和作用效果。早期的研究集中于对绿色信贷、绿色金融政策导向的理论解释、经验分析和宏观探讨（张伟和葛金田，2009；雷立钧和高红用，2009；陈游，2009；任辉，2009；杨朝飞和相泽元子，2010；冯玉梅，2010；刘传岩，2012；龙卫洋和季才留，2013；王遥和潘冬阳，2015）。值得一提的是，这一阶段，中国工商银行江苏省分行课题组（2008）较早地对金融支持低碳经济发展的早期实践经验进行了归纳与总结。江苏在这一阶段已经开始通过企业环境行为评价来对绿色信贷进行约束和规范（贺震和倪艳玲，2010）。随着绿色金融和绿色信贷的实践不断丰富，学界开始通过更加细致的数据对绿色信贷的实施效果进行评估并开始探讨绿色信贷的环境绩效问题（周兴云和刘金石，2016；刘海英，2017），绿色信贷政策对于经济增长、产业升级、企业融资等方面的推动作用也受到了越来越多学者的关注，研究也逐渐从区域层面细化至企业层面（裴育等，2017；徐胜等，2018；苏冬蔚和连莉莉，2018；丁杰，2019，牛海鹏等，2020）。

（三）绿色信贷的绿色创新作用研究

吴晟等（2019）较早地探讨了绿色信贷对企业生态创新的影响机理，认为绿色信贷与企业生态创新存在耦合关系，使得企业的绿色目标和创新目标趋于一致。李勇（2019）进一步阐述了这一观点，认为绿色金融能够助力创新创业活动的环保化。绿色信贷政策对不同环保属性企业的融资成本产生了异质性影响。在这一政策冲击下，环保企业的融资更加便利、融资成本降低，较低的融资成本能够促进企业扩大研发活动。何凌云等（2019）利用上市公司数据开展的实证研究表明，绿色信贷能够推动环保企业进行技术创新且绿色信贷通过研发投入促进环保企业技术创新的过程存在时滞效应。牛海鹏等（2020）分析认为，绿色信贷促进绿色企业创新的主要渠道是提升融资的便捷性，融资成本效应尚未完全体现。谢乔昕和张宇（2021）、李德山和苟晨阳（2022）等的一系列研究进一步表明，绿色信贷政策在非"两高一剩"行业的企业中均显示出了对于绿色创新和整体创新的促进作用。虽然实证研究多以 2012 年《绿色信贷指引》的实施作为政策冲击，但由于研究样本选择的时间和行业范围的不同，学者们对于绿色信贷政策对重污染企业政策效果的研究结论存在差异。部分主要针对 2015 年之前的早期样本的研究认为，绿色信贷政策提高了重污染行业企业的融资成本和外部融资依赖度，迫使企业降低研发投入，抑制了绿色创新活动（杨柳勇和张泽野，2022；胡天杨和涂正革，2022；武力超等，2022）；其他研究者将 2015 年及之后的数据纳入分析后则发现，对于高污染企业来说，绿色信贷政策将倒逼它们改变生产模式和创新生产方法以破解融资约束，通过转型升级来提升企业的核心竞争力和在媒体面前营造环境友好型的良好企业形象，以免被市场淘汰（刘强等，2020；谢乔昕和张宇，2021；Hu et al.，2021；张劲松和鲁珊珊，2022；Lu et al.，2022；Zhang et al.，2022）。

（四）高新技术在绿色信贷推动绿色创新中的作用研究

曹廷求等（2021）研究结论的差异提供了新的视角，他们发现从动态效应上看，绿色信贷政策对重污染行业的抑制作用逐渐减弱，政策促进了积极履行社会责任的重污染企业进行绿色转型。这说明绿色信贷政策在重污染行业的企业中可能经历先抑制后激励的过程，高新技术在其中可能发挥着相当大的乘数作用。谭等（Tan et al.，2022）进一步发现重污染和非重污染企业在绿色信贷的作用下均会产生绿色创新的同伴效应，即在本行业出现了绿色创新的企业后，其他企业更有可能进一步加入绿色创新中，产生更强的政策和技术扩散效应。陈立峰和郑健壮（2023）通过对创业板数据的研究表明，绿色信贷政策能够显著促进企

第五章 绿色信贷政策与企业绿色创新——基于高新技术产业的异质性研究

业的绿色创新。由于创业板的企业大多数为初创期的企业，其中高新技术企业占比较高，侧面显示出绿色信贷政策在高新技术企业中拥有更高的敏感度。王馨和王营（2021）、徐保昌等（2023）进一步指出，中国的绿色信贷政策并不一定会对企业的绿色创新质量产生正向的影响，尤其是在重污染企业中，这一政策可能产生了更多出于迎合动机而非自发动机进行的创新，降低了绿色创新的质量，从而诱发"创新泡沫"。这表明绿色政策在高污染企业中对于企业转型升级和进行实质创新的促进效率有限，从另一个侧面来看，这佐证了高新技术产业的绿色创新可能才是推动绿色信贷政策在"节流"同时"开源"的关键因素。区域制度环境等影响因素对于绿色信贷的创新推动效果也存在着显著的影响，政府补助会调节绿色信贷对绿色创新影响的政策效果，在地区创新能力更强、金融监督强度更高、金融发展水平更低、市场化水平更好和商业信誉更高的企业中，绿色信贷对企业绿色转型的促进作用更强（谢乔昕和张宇，2021；吴婷婷，2023；陈立峰和郑健壮，2023）。

（五）文献述评

现有研究对于绿色信贷在经济增长、产业升级和环境保护等方面的作用机制与效果的探讨比较丰富和成熟，但是对于绿色信贷对企业特别是高污染企业的绿色创新的作用尚未形成一致观点，对于区域特性和宏观因素对绿色信贷政策的调节作用的研究仍处于起步阶段。因此，本章将上市公司研究数据更新至可获取的最新年度并增加区域的创新创业水平和数字经济发展水平，对于绿色信贷政策对不同属性企业的一些创新作用进行了更加细致的分析，同时纳入企业的高新技术属性，重点探讨高新技术企业和区域高新技术环境对政策的叠加作用，创新性地构建更加立体化的政策分析图景，为科技政策的制定和绿色信贷政策的优化提供经验证据支持。

三、数据与模型设计

(一) 解释变量的选取

中国银监会于 2012 年发布的《指引》规定了商业银行等金融机构在绿色信贷执行过程中需要遵循的原则及注意事项,明确了绿色信贷的审批标准。以《指引》为依据,对不符合要求的"两高一剩"行业贷款实行"一票否决制",将绿色信贷提升到战略高度。本章根据《绿色信贷指引》和《中华人民共和国 2010 年国民经济和社会发展统计公报》中关于"两高一剩"和"高污染""高耗能"企业的定义,并参考潘爱玲等 (2019) 的做法,将所属行业涉及煤、电、热、冶金等行业的企业定义为高污染企业,作为实验组;其余定义为轻污染企业,作为对照组。具体来说,按照 2012 年中国证监会的行业分类标准,重污染行业有:煤炭开采和洗选业,石油和天然气开采业,黑色金属矿采选业,有色金属矿采选业,纺织业,皮革、毛皮、羽毛及其制品和制鞋业,造纸和纸制品业,石油加工、炼焦和核燃料加工业,化学原料和化学制品制造业,化学纤维制造业,橡胶和塑料制品业,非金属矿物制品业,黑色金属冶炼和压延加工业,有色金属冶炼和压延加工业,电力、热力生产和供应业。变量 $Heavyind$ 表示处理组虚拟变量,若为重污染企业,则 $Heavyind = 1$,否则 $Heavyind = 0$。另外,用 $CreditYear$ 表示处理期虚拟变量,若样本年份为 2012 年及以后,则 $CreditYear = 1$,否则 $CreditYear = 0$。处理效应虚拟变量为处理组虚拟变量与处理期虚拟变量的乘积,即 $DID = Heavyind \times CreditYear$,为本章主要关注的解释变量。

(二) 被解释变量的选取

绿色专利是从产出端对绿色创新进行衡量,每一条专利都能提供申请人、申请时间、专利类型等,信息较为全面且更新及时、时效性强,因此本章参考齐绍洲等（2018）的做法，选取绿色专利数据作为绿色创新的代理变量。绿色专利数据来自中华人民共和国国家知识产权局（SIPO），其按照世界知识产权组织（WIPO）提供的分类方法，为每一种专利提供国际分类号（IPC），将专利细致划分到技术小类。世界知识产权组织于2010年推出一个旨在便于检索环境友好型技术相关专利信息的在线工具，即"国际专利分类绿色清单"，该检索条目依据《联合国气候变化框架公约》对绿色专利进行了七大分类：交通运输类（transportation）、废弃物管理类（waste management）、能源节约类（energy conservation）、替代能源生产类（alternative energy production）、行政监管与设计类（administrative regulatory or design aspects）、农林类（agriculture or forestry）和核电类（nuclear power generation），对于每一分类中属于绿色专利的，WIPO 均给出了详细的说明和对应的 IPC 分类号。本章根据上述方法，将属于绿色专利申请量的数据提取出来，作为绿色创新的代理变量，记为 $Grepatent$；同时，将绿色专利申请后授权量（$Grepatentg$、$GreInvg$、$GreUmg$）作为稳健性检验的代理变量。对于绿色专利，也细分为绿色发明专利（$GreInv$）和绿色实用新型专利（$GreUm$）两种，前者创新程度较高，企业申请后需要授权才能获得专利权；后者创新程度相对较低，企业申请成功即视为授权。

（三）控制变量的选取

本章从企业的盈利能力和治理能力等方面来寻找控制变量，具体的控制变量如下：（1）企业规模（$Size$），用企业总资产的自然对数表示；（2）资产负债率（Lev），用负债与资产比值的百分数表示；（3）现金持有量（$Cash$），等于货币资金加交易性金融资产再除以总资产；（4）托宾Q值（$Tobin\ Q$），由市值与总资产的比值决定；（5）总资产收益率（ROA），用净利润与平均资产余额比值的百分数表示；（6）两职合一（$Dual$），如果董事长与总经理为同一人则取值为1，否则取值为0；（7）独董人数（*Independent*），指年末在职独立董事人数；（8）高管持股数（*ManageHold*），用高级管理人员持股数量的对数值表示。控制变量数据均来自国泰安数据库（*CSMAR*）。

（四）模型设计

本章以高污染行业上市公司为实验组，使用以下双重差分模型（DID）来考察《指引》对企业经济高质量发展的影响：

$$Y_{it} = \beta_0 + \beta_1 Heavyind_i \times CreditYear_t + \gamma X_{it} + \delta_t + \lambda_j + \varepsilon_{it} \quad (5.1)$$

其中，Y_{it} 为第 i 个企业第 t 年的绿色创新产出，包括绿色专利总量、绿色发明专利以及绿色实用新型专利三种；$Heavyind_i$ 为处理组虚拟变量，对于实验组，$Heavyind_i = 1$，对于对照组，$Heavyind_i = 0$；$CreditYear_t$ 为处理期虚拟变量，即《指引》发生时间，当年份为 2012 年及以后年份时，$CreditYear_t = 1$，当年份为 2012 年之前年份时，$CreditYear_t = 0$；δ_t 为年份固定效应，λ_j 为企业固定效应；ε_{it} 为随机扰动项。

为了评估《指引》颁布后实施的动态效应以及进行平行趋势检验，我们使用年份虚拟变量 $CreditYear_t^k$ 来替代事件虚拟变量 $CreditYear_t$，构建的动态双重差分模型如下：

$$Y_{it} = \beta_0 + \sum_k \theta_k \times Heavyind_i \times CreditYear_t^k + \gamma X_{it} + \delta_t + \lambda_j + \varepsilon_{it}$$

$$(5.2)$$

当样本数据为第 k 年时，即 $t = k$，则 $CreditYear_t^k = 1$，否则 $CreditYear_t^k = 0$；$Heavyind_i$ 仍为处理组虚拟变量，其他变量与前文论述相同；θ_k 则为《指引》在各年的冲击效应。本章选取政策冲击当年为基期，因此 k 的取值范围为 2008~2020 年且不包含 2012 年，为使回归结果展示更加简便，令 $Did_{it}^k = Heavyind_i \times CreditYear_t^k$。

（五）样本选择

本章主要结合高新技术企业研究绿色信贷政策，并在异质性检验部

第五章 绿色信贷政策与企业绿色创新——基于高新技术产业的异质性研究

分对此进行详细展开,因此,与第四章实证研究类似,本章将2008年作为样本研究的起点。由于申请的专利需要公开后才能被公众访问,存在一定的滞后性,而专利的授权量则需要经过审核流程,滞后性更强,本章的研究样本截至2020年,即考虑了2008~2020年上市公司的数据。在进行实证检验前,本章还进行了如下处理:(1)剔除了金融行业公司的数据;(2)剔除了被特殊标记(ST,*ST)以及进入退市处理阶段的样本;(3)剔除了实证检验过程中数据缺失的样本;(4)对相关变量在1%和99%的水平上进行缩尾处理,以剔除异常值的影响。

四、实证分析

(一)基准回归

1. 描述性统计

本章针对专利申请量的偏度和峰度较大的情况,采用对数化处理,对专利数量进行了回归分析,结果如表5-1所示。从表5-1可以观察到,绿色专利总量、发明专利数量以及实用新型专利数量的中位数均为0,说明大部分企业在某些年份没有绿色专利产出,这暗示着绿色专利产出可能存在一定的门槛,需要政策的激励才能促使更多的绿色专利产出。DID项是指 Heavyind 与 CreditYear 之间的交乘项,DID项的均值为0.17,这意味着约有17%的样本受到了处理效应的影响,其余控制变量的描述性结果如表5-1所示,不再详述。

表5-1 描述性统计

变量	N	Mean	SD	Min	p50	Max
GreInv	24 228	0.20	0.50	0	0	2.64
GreUm	24 228	0.16	0.44	0	0	2.40
Grepatent	24 228	0.30	0.64	0	0	3.14
DID	24 228	0.17	0.38	0	0	1

续表

变量	N	Mean	SD	Min	p50	Max
Size	24 228	22.08	1.43	13.76	21.86	30.57
Lev	24 228	0.43	0.35	-0.19	0.41	18.14
Cash	24 228	0.21	0.16	0	0.16	1
Tobin Q	24 228	2.32	13.56	0.68	1.61	1 753
ROA	24 228	0.04	0.73	-6.78	0.04	108.4
Dual	24 228	0.27	0.45	0	0	1
Independent	24 228	8.67	1.78	0	9	21
ManageHold	24 228	10.17	7.45	0	12.88	21.31

2. 基准回归检验

基准回归结果如表5-2所示。模型1和模型2的被解释变量为绿色发明专利数量，模型3和模型4的被解释变量为绿色实用新型专利数量，模型5和模型6的被解释变量为绿色专利总量。模型1、模型3和模型5未包含任何控制变量，其余3个模型包含控制变量，所有模型对个体固定效应和年份固定效应进行控制。从表5-2可以看出，DID项对任何一种绿色专利数量都在1%的水平上显著。这表明在《指引》发布后，高污染企业的绿色专利申请数量的增加程度要大于低污染企业，即高污染企业对绿色创新的反应程度明显高于低污染企业。这说明《指引》颁布后，高污染企业可能受到了更严格的融资限制，或者受到了政府绿色创新优惠政策的激励，从而增加了对绿色创新的投入。

表5-2　　　　　　　　基准回归结果

变量	模型1	模型2	模型3	模型4	模型5	模型6
	GreInv	GreInv	GreUm	GreUm	Grepatent	Grepatent
DID	0.103*** (5.362)	0.107*** (5.645)	0.075*** (4.625)	0.077*** (4.767)	0.142*** (5.984)	0.147*** (6.248)
Size		0.023*** (3.598)		0.009* (1.667)		0.025*** (3.267)

续表

变量	模型1 GreInv	模型2 GreInv	模型3 GreUm	模型4 GreUm	模型5 Grepatent	模型6 Grepatent
Lev		0.014** (2.269)		0.001 (0.203)		0.009 (1.142)
Cash		-0.029 (-1.259)		-0.015 (-0.719)		-0.046 (-1.571)
Tobin Q		0.000 (1.376)		0.000 (0.877)		0.000* (1.903)
ROA		-0.002*** (-2.779)		0.000 (0.677)		-0.002** (-2.507)
Dual		0.005 (0.571)		-0.003 (-0.310)		0.005 (0.389)
Independent		-0.001 (-0.284)		-0.001 (-0.291)		-0.001 (-0.320)
ManageHold		0.001 (0.834)		0.001* (1.777)		0.002* (1.742)
Constant	0.179*** (54.028)	-0.328** (-2.322)	0.149*** (52.832)	-0.043 (-0.383)	0.277*** (67.330)	-0.281* (-1.654)
R^2	0.601	0.602	0.553	0.553	0.623	0.624
Year	Yes	Yes	Yes	Yes	Yes	Yes
Firm	Yes	Yes	Yes	Yes	Yes	Yes
N	23 796	23 796	23 796	23 796	23 796	23 796

注：***、**和*分别表示在1%、5%和10%的水平上显著，括号内为T值。

（二）平行趋势与动态效应检验

根据前文分析，《指引》对重污染企业的绿色创新水平产生了显著提升效应。为深入研究这种影响并满足双重差分实验要求，本章参考雅各布森等（Jacobson et al., 1993）的方法，进行平行趋势和动态效应检验。回归结果如表5-3所示，当年份虚拟变量与观测年份一致时取1，否则取0。为避免多重共线性，选定2012年作为基准组，即《指引》出台的当年。平行趋势检验要求对照组与实验组在政策冲击前没有显著差异，从表 5-3 可以看到，DiD^{2008}、DiD^{2009}、DiD^{2010}、DiD^{2011} 在三种模型下均不显著，满足平行趋势检验的要求。

表 5-3　　　　　　绿色信贷政策平行趋势与动态效应检验

变量	模型1 GreInv	模型2 GreInv	模型3 GreUm	模型4 GreUm	模型5 Grepatent	模型6 Grepatent
DiD^{2008}	-0.031 (-0.857)	-0.029 (-0.812)	-0.007 (-0.199)	-0.008 (-0.206)	-0.048 (-1.026)	-0.047 (-1.000)
DiD^{2009}	-0.058 (-1.553)	-0.058 (-1.550)	-0.000 (-0.014)	-0.001 (-0.038)	-0.054 (-1.241)	-0.054 (-1.254)
DiD^{2010}	-0.033 (-1.238)	-0.033 (-1.226)	-0.008 (-0.311)	-0.008 (-0.318)	-0.042 (-1.213)	-0.042 (-1.210)
DiD^{2011}	-0.023 (-1.013)	-0.022 (-0.976)	0.023 (0.986)	0.023 (0.992)	-0.012 (-0.411)	-0.012 (-0.384)
DiD^{2013}	0.015 (0.655)	0.016 (0.676)	0.076*** (3.357)	0.076*** (3.361)	0.054* (1.832)	0.054* (1.848)
DiD^{2014}	0.049* (1.736)	0.052* (1.817)	0.068*** (2.586)	0.069*** (2.620)	0.076** (2.130)	0.079** (2.208)
DiD^{2015}	0.064* (1.926)	0.070** (2.093)	0.055* (1.869)	0.057* (1.941)	0.077* (1.925)	0.083** (2.080)
DiD^{2016}	0.085*** (2.932)	0.092*** (3.202)	0.081*** (2.882)	0.083*** (2.989)	0.122*** (3.329)	0.131*** (3.567)
DiD^{2017}	0.104*** (3.228)	0.113*** (3.539)	0.121*** (4.133)	0.125*** (4.285)	0.170*** (4.243)	0.182*** (4.532)
DiD^{2018}	0.131*** (4.151)	0.140*** (4.433)	0.134*** (4.588)	0.137*** (4.721)	0.199*** (5.041)	0.209*** (5.295)
DiD^{2019}	0.102*** (3.071)	0.111*** (3.339)	0.163*** (4.890)	0.166*** (4.994)	0.188*** (4.404)	0.198*** (4.640)
DiD^{2020}	0.117*** (3.360)	0.127*** (3.663)	0.055* (1.804)	0.059* (1.938)	0.143*** (3.505)	0.155*** (3.795)
Control	No	Yes	No	Yes	No	Yes
R^2	0.602	0.603	0.555	0.555	0.625	0.625
Year	Yes	Yes	Yes	Yes	Yes	Yes
Firm	Yes	Yes	Yes	Yes	Yes	Yes
N	23 796	23 796	23 796	23 796	23 796	23 796

注：***、**和*分别表示在1%、5%和10%的水平上显著，括号内为T值。

第五章 绿色信贷政策与企业绿色创新——基于高新技术产业的异质性研究

为展现政策发生前后各年的政策效应，本章使用模型 6 的结果绘制了图 5-1，展示了绿色信贷政策对绿色专利总量的动态效应。图 5-1 中横轴表示年份，纵轴表示回归系数，实线表示每个年份的估计结果，虚线表示 10% 置信区间的上下限。从图 5-1 可以观察到，在政策发生前，回归系数在 10% 的水平上不显著，说明实验组与对照组在政策发生前没有显著差异，符合准自然实验的要求。政策发生后，实验组和对照组逐渐显现出显著差异，并且这种差异随年份逐渐增加，说明绿色信贷对于重污染企业的创新激励具有重要作用，但存在一定的滞后效应。这表明绿色信贷对企业环境的改善并非一蹴而就，而是逐步推进的过程。从图 5-1 还可以看出，2020 年政策对绿色创新的效应有所减弱，可能受到新冠疫情的影响，导致企业绿色转型的进程放缓，使得实验组与对照组的差异减弱。

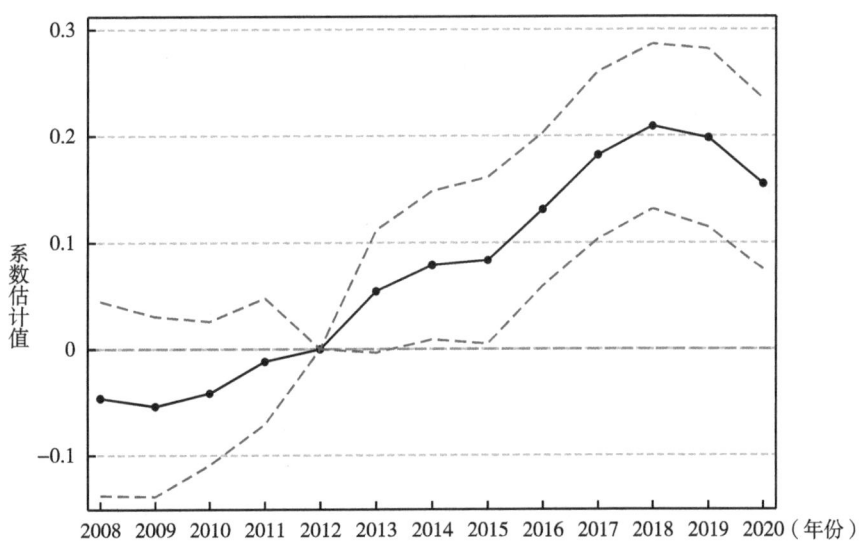

图 5-1 平行趋势与动态效应检验

（三）异质性检验

本章旨在探讨绿色信贷政策对高新技术企业绿色研发创新的影响，

从微观和宏观异质性的角度出发,考察高新技术企业、地区数字经济的创新创业能力以及政府对数字经济的重视程度对主效应的调节作用。

表5-4展示了高新技术企业身份在调节作用下的异质性检验结果。具体而言,Hightech 用于标识上市公司是否具备高新技术企业资质。该信息来源于 CSMAR 数据库的资质认定子库,该子库列出了被认定为高新技术企业的上市公司。若企业被认定为高新技术企业,Hightech 取值为1;否则,取值为0。Hightech × DID 表示 Hightech 与 DID 的交乘项,是我们主要关心的变量,若 Hightech × DID 的系数显著大于0,则表明主效应在高新技术企业中具有更强的作用。从表5-4可以看出,对于绿色发明专利和绿色专利总量,Hightech 与 DID 的交乘项在1%的水平上显著;而对于绿色实用新型专利,Hightech 与 DID 的交乘项对绿色创新的影响为正,但显著性较弱。这表明面对绿色信贷政策规制,高新技术企业更有动力进行绿色转型,推动研发创新,且主要集中在绿色发明专利上。由于发明专利较实用新型专利具有更高的价值和难度,因此高新技术企业的专利发明属于实质性的绿色创新。

表5-4　　　　　　高新技术企业的交互影响

变量	模型1 GreInv	模型2 GreInv	模型3 GreUm	模型4 GreUm	模型5 Grepatent	模型6 Grepatent
DID	0.082*** (4.235)	0.087*** (4.506)	0.065*** (3.737)	0.067*** (3.859)	0.118*** (4.808)	0.123*** (5.058)
Hightech	0.005 (0.708)	0.003 (0.433)	-0.002 (-0.231)	-0.003 (-0.391)	0.003 (0.366)	0.001 (0.088)
Hightech × DID	0.048*** (2.732)	0.048*** (2.692)	0.025 (1.459)	0.025 (1.445)	0.058*** (2.606)	0.058** (2.571)
Constant	Yes	Yes	Yes	Yes	Yes	Yes
R^2	0.601	0.602	0.553	0.553	0.624	0.624
Year	Yes	Yes	Yes	Yes	Yes	Yes
Firm	Yes	Yes	Yes	Yes	Yes	Yes
N	23 796	23 796	23 796	23 796	23 796	23 796

注:***、** 分别表示在1%、5%的水平上显著,括号内为T值。

第五章　绿色信贷政策与企业绿色创新——基于高新技术产业的异质性研究

本章进行了地区创新创业强度的异质性检验，结果如表5-5所示。本章使用戴若尘等（2022）构造的数字经济创新创业指数（Invindex）作为衡量当地创新创业活跃程度的指标，该指数综合考虑了企业家、资本与技术三大核心要素，从新建企业、外来投资、风险投资、专利、商标和软件著作权六个维度进行构造。本章主要关注 Invindex 与 DID 的交乘项（Invindex × DID）。从表5-5可以看出，模型1和模型5中 Invindex × DID 的系数在5%的水平上显著；而模型2和模型6中 Invindex × DID 的系数在1%的水平上显著。这表明在数字经济创新创业重视程度较高的地区，《指引》对绿色专利特别是绿色发明专利的促进作用更为显著。这一结果暗示着当地政府对数字经济的发展和创新活动更加重视时，绿色信贷政策在激励企业进行环保领域的研发创新方面具有更强的效果。这种情况可能受到当地政策环境、资金支持、创新氛围等因素的影响，从而提高了企业对绿色信贷政策的积极回应和参与程度，进而加大了绿色创新投入和产出的效率。

表5-5　　　　　　　　创新创业强度的交互影响

变量	模型1 GreInv	模型2 GreInv	模型3 GreUm	模型4 GreUm	模型5 Grepatent	模型6 Grepatent
DID	-0.020 (-0.425)	-0.022 (-0.464)	0.011 (0.238)	0.010 (0.237)	-0.020 (-0.325)	-0.021 (-0.345)
Invindex	-0.000 (-0.740)	-0.000 (-0.676)	-0.000 (-0.278)	-0.000 (-0.248)	-0.000 (-0.510)	-0.000 (-0.424)
Invindex × DID	0.001** (2.493)	0.002*** (2.636)	0.001 (1.429)	0.001 (1.471)	0.002** (2.575)	0.002*** (2.686)
Constant	Yes	Yes	Yes	Yes	Yes	Yes
R^2	0.620	0.621	0.568	0.568	0.637	0.637
Year	Yes	Yes	Yes	Yes	Yes	Yes
Firm	Yes	Yes	Yes	Yes	Yes	Yes
N	22 523	22 523	22 523	22 523	22 523	22 523

注：***、**分别表示在1%、5%的水平上显著，括号内为T值。

高新技术企业通常是数字经济的代表之一，其核心业务和产品往往依赖于数字技术的运用和创新。因此，本章通过对当地政府对数字经济的重视程度进行异质性检验，并采用陶长琪和丁煜（2022）的方法构造数字经济发展综合指数（Digital）。该指数综合了智能化、数字化、数据共享、云计算、数据服务、工业互联网、云服务、智慧城市、数据治理、数字经济、5G、数据安全、区块链、数字技术、物联网、机器人、大数据、上云、云平台等关键词。回归结果如表5-6所示。从表5-6可以看出，Digital与DID的交乘项在所有模型下均呈正显著。这表明在当地政府对数字经济的重视程度越高的地区，绿色信贷指引越能促进企业绿色创新。这也意味着数字经济的发展为企业提供了更多绿色创新的机会，如通过物联网技术实现智能制造和智慧化管理、通过大数据分析实现资源优化和节能减排、通过区块链技术确保环保数据的安全和透明性等。当地政府对数字经济的重视程度越高，意味着该地区对新兴技术和创新产业的发展越重视，其中包括数字化技术在内的创新趋势在该地区得到更多的支持和推动。《绿色信贷指引》作为一项政策工具，旨在促进企业在环保领域的研发创新，提供贷款和资金支持。在数字经济发展较为充分的地区，企业更多地利用数字技术，包括智能化、云计算、数据共享等，进行绿色创新，从而实现资源高效利用、减少环境污染、提高可持续发展的能力。

表5-6　　　　　政府对数字经济重视程度的交互影响

变量	模型1	模型2	模型3	模型4	模型5	模型6
	GreInv	*GreInv*	*GreUm*	*GreUm*	*Grepatent*	*Grepatent*
DID	0.068*** (3.398)	0.070*** (3.513)	0.055*** (2.853)	0.056*** (2.911)	0.093*** (3.624)	0.096*** (3.739)
Digital	-1.861 (-0.316)	-2.479 (-0.422)	-1.707 (-0.304)	-1.990 (-0.355)	-4.469 (-0.592)	-5.185 (-0.688)
Digital × DID	33.806*** (3.110)	36.371*** (3.359)	20.221** (2.049)	21.129** (2.150)	48.530*** (3.834)	51.405*** (4.085)
Constant	Yes	Yes	Yes	Yes	Yes	Yes
R^2	0.602	0.602	0.553	0.553	0.624	0.624

第五章 绿色信贷政策与企业绿色创新——基于高新技术产业的异质性研究

续表

变量	模型1	模型2	模型3	模型4	模型5	模型6
	GreInv	*GreInv*	*GreUm*	*GreUm*	*Grepatent*	*Grepatent*
Year	Yes	Yes	Yes	Yes	Yes	Yes
Firm	Yes	Yes	Yes	Yes	Yes	Yes
N	23 795	23 795	23 795	23 795	23 795	23 795

注：***、** 分别表示在1%、5%的水平上显著，括号内为T值。

（四）稳健性检验

1. 使用授权量数据

在本章中，基准回归采用绿色专利申请量作为被解释变量。然而，绿色专利授权量直接反映了企业在绿色创新领域的实际成果和贡献，相较于专利申请数量，专利授权量更能准确地反映企业将创新成功转化为实际产出的情况。为验证基准回归结果的稳健性，本章采用绿色专利授权量进行进一步检验，其中 *GreInvg*、*GreUmg*、*Grepatentg* 分别代表绿色发明专利、绿色实用新型专利和绿色专利总量的授权量。模型设计与基准回归类似，回归结果见表5-7。从表5-7可以看出，在所有模型下，*DID* 项的系数均显著为正，表明在使用授权量数据后，基准回归的结论依然具有稳健性。然而，授权量数据受到时滞性较强的影响，特别是发明专利，从申请到授权通常需要1年到数年的时间，难以即时反映公司当前的绿色研发情况。因此，在其余部分的检验中，仍将继续采用绿色专利申请量作为被解释变量。

表5-7　　稳健性检验（使用绿色专利授权量数据）

变量	模型1	模型2	模型3	模型4	模型5	模型6
	GreInvg	*GreInvg*	*GreUmg*	*GreUmg*	*Grepatentg*	*Grepatentg*
DID	0.042*** (3.104)	0.046*** (3.425)	0.067*** (3.686)	0.071*** (3.916)	0.104*** (4.834)	0.110*** (5.151)
Constant	Yes	Yes	Yes	Yes	Yes	Yes
R^2	0.620	0.621	0.602	0.602	0.662	0.663

续表

变量	模型1	模型2	模型3	模型4	模型5	模型6
	GreInvg	*GreInvg*	*GreUmg*	*GreUmg*	*Grepatentg*	*Grepatentg*
Year	Yes	Yes	Yes	Yes	Yes	Yes
Firm	Yes	Yes	Yes	Yes	Yes	Yes
N	23 796	23 796	23 796	23 796	23 796	23 796

注：*** 表示在1%的水平上显著，括号内为T值。

2. 更换回归模型

绿色专利数据通常具有截断和右偏的特点，即存在许多值为零的观测数据，这些零值代表没有绿色专利的情况，而非零值则表示绿色专利的实际数量。在 OLS 回归中，对于存在截断的数据，会忽略那些值为零的观测数据，从而忽略了绿色专利数量为零的情况，导致估计结果的偏误和失真。Tobit 模型是一种修正 OLS 回归的方法，专门用于处理存在截断或右偏的离散型数据，它通过考虑绿色专利数量为零的情况，并同时对非零值进行回归分析，能够更准确地估计绿色专利对其他自变量的影响。Tobit 模型基于概率模型，将截断部分和非截断部分同时纳入考虑，充分利用了所有的数据信息，从而得到更稳健和准确的参数估计结果。基于此，本章更换为使用 Tobit 模型进行回归，回归结果如表5-8所示。从表5-8可以看出，在所有模型下，*DID* 项的系数均在1%的水平上显著，说明与非重污染企业相比，重污染企业更有激励进行绿色创新，因此基准回归的结论是稳健的。

表5-8　　　　　　　稳健性检验（使用 Tobit 模型）

变量	模型1	模型2	模型3	模型4	模型5	模型6
	GreInv	*GreInv*	*GreUm*	*GreUm*	*Grepatent*	*Grepatent*
DID	0.042*** (3.104)	0.046*** (3.425)	0.067*** (3.686)	0.071*** (3.916)	0.104*** (4.834)	0.110*** (5.151)
Constant	Yes	Yes	Yes	Yes	Yes	Yes
Year	Yes	Yes	Yes	Yes	Yes	Yes

第五章 绿色信贷政策与企业绿色创新——基于高新技术产业的异质性研究

续表

变量	模型1 GreInv	模型2 GreInv	模型3 GreUm	模型4 GreUm	模型5 Grepatent	模型6 Grepatent
Firm	Yes	Yes	Yes	Yes	Yes	Yes
N	24 228	24 228	24 228	24 228	24 228	24 228

注：*** 表示在1%的水平上显著，括号内为T值。

3. 更换回归方法

本章使用DID方法处理非随机化试验数据，但若处理组和对照组在观测时刻之前的特征变量存在显著差异，可能导致结果的偏误。为增加结果可靠性，我们采用了PSM-DID方法。该方法综合倾向得分匹配和差异法，能够在处理组和对照组之间进行比较，得到更准确和可信的因果效应估计，从而提升因果推断能力。我们按以下步骤进行匹配操作：首先，根据协变量使用Logit模型计算倾向得分指数；其次，按照1:1近邻匹配方法，利用计算得到的倾向得分指数对处理组和对照组进行匹配；最后，根据匹配后的样本计算因果效应参数。此外，我们还利用协变量进行匹配偏差调整，回归结果如表5-9所示。

表5-9 稳健性检验（PSM-DID）

变量	模型1 GreInv	模型2 GreInv	模型3 GreUm	模型4 GreUm	模型5 Grepatent	模型6 Grepatent
DID	0.183*** (3.639)	0.182*** (3.673)	0.151*** (3.120)	0.151*** (3.204)	0.263*** (3.949)	0.264*** (4.052)
Constant	Yes	Yes	Yes	Yes	Yes	Yes
R^2	0.720	0.721	0.619	0.620	0.718	0.719
Year	Yes	Yes	Yes	Yes	Yes	Yes
Firm	Yes	Yes	Yes	Yes	Yes	Yes
N	23 468	23 468	23 468	23 468	23 468	23 468

注：*** 表示在1%的水平上显著，括号内为T值。

进行回归结果分析前,需要评估匹配效果。本章从两个方面考察匹配效果。首先,通过图5-2观察匹配前后各协变量标准差比。图5-2中,实心点表示匹配前处理组和对照组各协变量的标准差比,发现处理组和对照组各协变量的标准差相差较大;叉号表示匹配后处理组和对照组各协变量的标准差比,发现匹配后处理组和对照组各协变量的标准差基本相似,表明匹配效果较好。其次,通过图5-3和图5-4,比较匹配前后倾向得分指数的差异。从图5-3可以看出,匹配前处理组和对照组的倾向得分指数的概率密度有一定的差别,但图5-4显示匹配后两者倾向得分指数的概率密度已经非常相似,表明匹配效果良好。

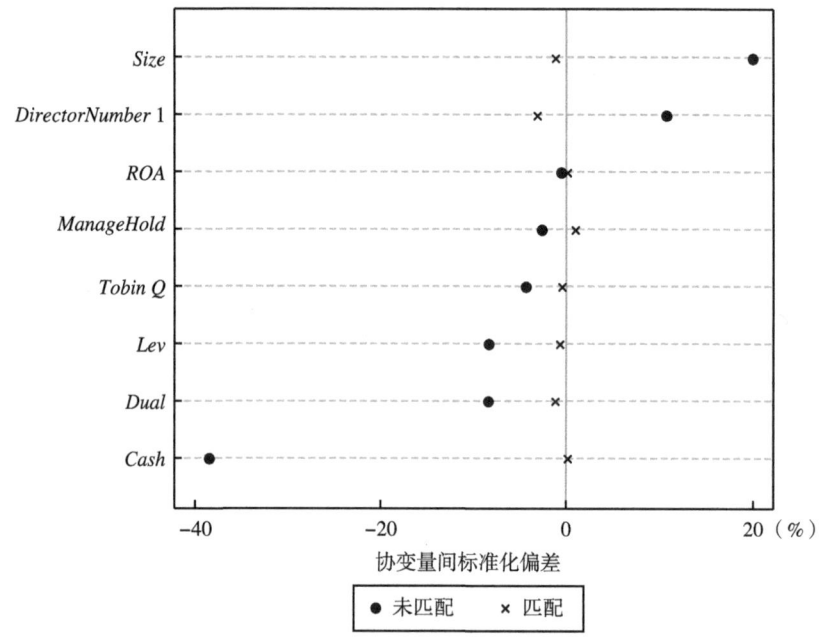

图5-2 匹配前后协变量标准差比

从表5-9可以看出,经过上述匹配方法后,绿色信贷政策对绿色创新仍然表现出显著的促进作用,进一步验证了基准回归结果的稳健性。

4. 地点安慰剂检验

在基准回归中,我们发现绿色信贷政策对重污染企业的绿色创新有促进作用。然而，存在一种潜在可能，即使用其他类型企业作为对照组，也可能得到类似的结果。在这种情况下，无法将因果效应完全归因于绿色信贷政策的影响，而可能受到其他未观测因素的影响。为了排除这种可能性，我们进行了安慰剂检验，参考了李等（Li et al., 2016）的方法，间接检验是否存在未观测因素对结果有影响。

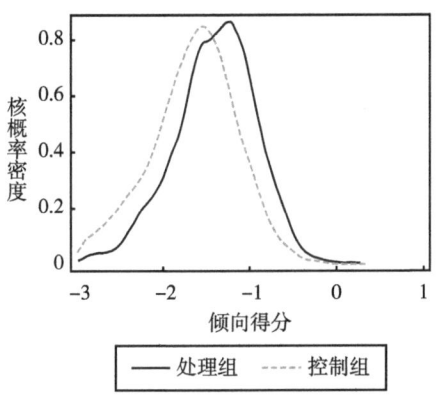

图 5-3　匹配前的概率密度

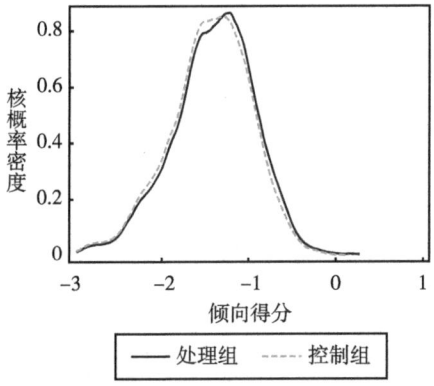

图 5-4　匹配后的概率密度

直观上，根据计量方程，可以将估计系数 $\hat{\beta}_1$ 写成：

$$\hat{\beta}_1 = \beta_1 + \alpha \times \frac{\mathrm{cov}(Heavyind_i \times CreditYear_t, \varepsilon_{it} | C)}{\mathrm{var}(Heavyind_i \times CreditYear_t | C)} \tag{5.3}$$

其中，C 包括所有控制变量和固定效应，α 代表不可观测因素对被解释变量的影响，若检验支持 $\alpha = 0$，则表明不可观测因素不会影响估计结果。更加具体地，先将所有企业对应的行业打乱，然后重新对以上模型进行估计，则从理论上讲，此时应该有 $\beta_1 = 0$；进一步，如果由这种随机打乱政策分组得到回归系数 $\hat{\beta}_1 = 0$，则可以推断 $\alpha = 0$。以绿色专利申请总量为被解释变量，将上述过程重复 500 次，并得到相应的"错误"估计系数 $\hat{\beta}_1^{random} = 0$，如图 5-5 所示，其服从正态分布并且均值接近于 0，支持 $\alpha = 0$，即不存在遗漏变量问题。

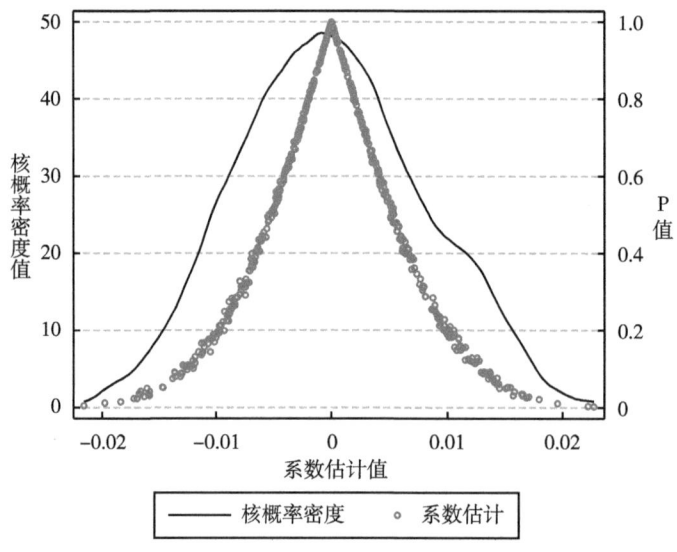

图 5-5 地点安慰剂检验

5. 时间安慰剂检验

除了进行地点安慰剂检验以外，本章还进行了时间安慰剂检验。具体方法是在实际政策干预之前的某个虚拟时间点引入一个伪政策干预，即不真正进行政策干预，但假装进行了。然后，使用相同的 DID 框架对伪政策干预进行估计，并观察是否得到与实际政策干预相类似的结果。在安慰剂检验中，如果发现伪政策干预并未产生显著的效应，而实际政策干预却产生了显著的效应，那么可以认为 DID 估计结果是稳健的和可

第五章　绿色信贷政策与企业绿色创新——基于高新技术产业的异质性研究

信的。这是因为，如果伪政策干预对研究结果没有影响，那么实际政策干预产生的效应应该是真实的，而不是由其他未考虑的因素引起的。本章使用 2008~2011 年的数据，并假设 2010 年为政策干预时间，重新进行了 DID 检验，回归结果如表 5-10 所示。从表 5-10 可以看出，在所有模型下伪政策冲击的 DID 项均不显著，证明了真实的政策冲击结果的稳健性。

表 5-10　　　　　　稳健性检验（时间安慰剂检验）

变量	模型 1	模型 2	模型 3	模型 4	模型 5	模型 6
	GreInv	GreInv	GreUm	GreUm	Grepatent	Grepatent
DID	-0.001 (-0.025)	-0.000 (-0.021)	0.003 (0.173)	0.004 (0.203)	0.008 (0.301)	0.009 (0.324)
Constant	Yes	Yes	Yes	Yes	Yes	Yes
R^2	0.664	0.665	0.666	0.666	0.708	0.709
Year	Yes	Yes	Yes	Yes	Yes	Yes
Firm	Yes	Yes	Yes	Yes	Yes	Yes
N	4 200	4 200	4 200	4 200	4 200	4 200

注：括号内为 T 值。

五、研究结论与展望

（一）研究结论

本章以 2012 年发布的《绿色信贷指引》为政策冲击，探讨该政策对企业绿色创新的影响。研究结果表明，相对于非重污染企业，重污染企业对绿色信贷政策冲击反应更为敏感，表现为更多的绿色专利产出。在异质性检验中，我们主要关注高新技术发展程度等因素。研究结果显示，基准回归的效果在高新技术企业中更为显著，即面对绿色信贷政策的冲击，高新技术企业更有动力产出更多的绿色专利。进一步研究发现，创新创业程度较活跃的地区和政府对数字经济更加重视的地区，均呈现出更多的绿色专利产出。这可以归因于创新创业氛围的促进，使得企业更加专注于环保领域的研发。同时，政府的政策支持和激励措施推动了企业在数字技术和环保领域的融合，进而促进了绿色创新的发展。在稳健性检验中，本章采用了更换被解释变量、更换回归模型、进行 PSM-DID 检验以及进行地点安慰剂和时间安慰剂检验等多种方法，结果显示基准回归的结论是稳健的。

（二）研究展望

本章较早地探究了高新技术企业在绿色信贷这一政策冲击下的绿色创新表现与其他行业企业的异质性，并初步分析了区域高新技术产业环境对于企业绿色创新的推动效果。但囿于数据可得性和研究周期的限制，研究尚存在一些不足和拓展空间。

首先，本章尚未对非上市企业中的高新技术企业是否对绿色信贷更为敏感进行进一步的验证。虽然上市企业是高新技术企业更为典型和大规模的代表，但属于初创期和萌芽期的尚未上市的专精特新企业，也具备独特的研究价值。特别是相较于上市企业，非上市企业股权融资的规模和及时性有限，那么通过绿色信贷进行的债权融资对绿色创新的影响可能更显著。在未来的研究中，可以进一步利用中国工业企业数据库和江苏省企业相关信息开展更为细致和有针对性的分析，并对上市企业和非上市企业展开对比。

其次，本章的上市公司数据更新至 2020 年，初步发现 2020 年绿色信贷对于绿色创新的影响因素减弱，这可能是受到新冠疫情冲击的影响。但是，由于数据可得性的限制，目前尚未获得最新的数据，因此无法对疫情期间以及疫情之后绿色信贷对绿色创新影响的差异性进行进一步分析。在后续的研究中，可以更加深入地刻画整个新冠疫情影响期间以及新冠疫情基本结束之后绿色信贷对绿色创新更加全面的影响，特别是对

第五章 绿色信贷政策与企业绿色创新——基于高新技术产业的异质性研究

于新冠疫情这一外部冲击,高新技术产业与非高新技术产业在绿色创新领域的受创程度、受创范围以及恢复速度等方面是否具有显著差异等,对这些问题的探讨对于指导高新技术企业发展和高新技术产业政策制定具有重要的研究意义。

此外,绿色信贷政策是本章探讨的一个非主要针对高新技术产业的政策代表。本章证明了绿色发展与创新发展之间存在协同效应,实证结果表明,高新技术企业的创新数量与创新质量均对绿色信贷的冲击更为敏感,这表明高新技术产业兼具一般性企业的共性和高新技术产业本身的特性,因此,其创新并非只受到针对高新技术产业本身的政策,如创新补贴和税收优惠的影响,其他政策在高新技术产业和企业中也可能产生乘数效应或叠加效应。在未来的研究中,可以进一步深入研究协调发展、共享发展、开放发展等其他发展理念和具体政策是否在高新技术产业中存在着相似的现象,从而进一步挖掘高新技术企业是否在多个领域发挥着"政策放大器"的功能。

第六章
CHAPTER 6

国家自主创新示范区政策兴起与地区研发创新

一、国家自主创新示范区政策

国家自主创新示范区（以下简称"国家自创区"）是指经我国国务院批准，在推进自主创新和高技术产业发展方面先行先试、探索经验、做出示范的区域。随着全球经济竞争的不断升级和科技创新的迅速演进，我国深刻认识到加速创新驱动发展的紧迫性，提升自主创新能力已成为确保经济可持续发展的关键路径。为此，国家自创区政策迅速兴起，旨在建立一系列高水平、高效率的示范区域，借助其创新引领和示范带动作用，推动地方经济结构优化和创新体系的构建。这些示范区涵盖了六大主要功能，包括探索股权激励试点、深化科技金融改革创新试点、按规定核定国家科技重大专项项目经费中的间接费用、支持新型产业组织参与国家重大科技项目、实施支持创新企业的税收政策，以及制定地区发展规划。

国家自创区和高新技术产业、高新技术企业的发展收益是密不可分的。高新区是国家自创区的核心组成部分，高新技术产业独特的创新特性和政策特点吸引着创新要素的流入，推动着高新技术产业和企业的聚集。国家自创区政策能够更好地促进高新技术产业内和产业间的协作与融合,一方面推动高新技术产业内部和行业内部的互联互通,另一方面也将更加便捷和及时地将高新技术产业创新成果辐射和应用到其他产业中,高新技术产业在国家自创区发挥着中流砥柱的作用。例如,作为我国第一个国家自创区,中关村国家自创区以其强大的高新技术密度、科技创新能力、完善的服务体系和活跃的创新创业氛围而闻名于全国,其成功经验为其他地区提供了重要的借鉴和参考。

国家自创区政策通过局部地区的先行先试,探索出适合全国推广的自主创新和高技术产业发展的经验与模式。其实践和试错,能够为国家层面的科技创新政策、产业政策提供有效的经验借鉴,最终推动国家整体的科技进步和经济发展;同时,还将发挥重要的引领、辐射、带动作用,推动全国范围内的创新驱动发展,加快转变经济发展方式。国家自创区政策从战略层面明确了优化资源配置、加强科技创新和提升创新效率的目标。这一政策鼓励地方通过创新创业引导产业集聚和升级,激发企业创新活力,将科技成果快速转化为生产力,促进科技与经济的深度融合。国家自创区内政府将提供便捷的科研环境和政策支持,引导企业特别是高新技术企业增加研发投入,促进创新成果的孵化和应用,从而提高地区的创新效率。截至2022年底,我国已经设立了22个国家自创区(见表6-1),苏南国家自主创新示范区便是其中的典型代表之一。据国家统计局数据,2020年,21家国家自创区所涉及的国家高新区共实现园区生产总值9.6万亿元,占国内生产总值的9.5%;实现总利润2.4万亿元,是2015年的1.84倍,年均增幅达到13%。

表6-1　　　　　　　　我国国家自主创新示范区

批复时间	国家自主创新示范区	所在地区
2009年3月	中关村国家自主创新示范区	北京市
2009年12月	武汉东湖国家自主创新示范区	湖北省武汉市
2011年3月	上海张江国家自主创新示范区	上海市

续表

批复时间	国家自主创新示范区	所在地区
2014年6月	深圳国家自主创新示范区	广东省深圳市
2014年11月	苏南国家自主创新示范区	江苏省南京市、苏州市、无锡市、常州市、镇江市
2015年1月	长株潭国家自主创新示范区	湖南省长沙市、株洲市、湘潭市
2015年2月	天津国家自主创新示范区	天津市
2015年6月	成都国家自主创新示范区	四川省成都市
2015年9月	西安国家自主创新示范区	陕西省西安市
2015年9月	杭州国家自主创新示范区	浙江省杭州市
2015年9月	珠三角国家自主创新示范区	广东省广州市、深圳市、珠海市、佛山市、惠州市、东莞市、中山市、江门市、肇庆市
2016年4月	郑洛新国家自主创新示范区	河南省郑州市、洛阳市、新乡市
2016年4月	山东半岛国家自主创新示范区	山东省济南市、青岛市、淄博市、潍坊市、烟台市、威海市
2016年4月	沈大国家自主创新示范区	辽宁省沈阳市、大连市
2016年6月	福厦泉国家自主创新示范区	福建省福州市、厦门市、泉州市
2016年6月	合芜蚌国家自主创新示范区	安徽省合肥市、芜湖市、蚌埠市
2016年7月	重庆国家自主创新示范区	重庆市
2018年2月	宁波、温州国家自主创新示范区	浙江省宁波市、温州市
2018年2月	兰白国家自主创新示范区	甘肃省兰州市、白银市
2018年11月	乌昌石国家自主创新示范区	新疆维吾尔自治区乌鲁木齐市、昌吉市、石河子市
2019年8月	鄱阳湖国家自主创新示范区	江西省南昌市、新余市、景德镇市、鹰潭市、抚州市、吉安市、赣州市
2022年4月	长春国家自主创新示范区	吉林省长春市
2022年5月	哈大齐国家自主创新示范区	黑龙江省哈尔滨市、齐齐哈尔市、大庆市

同时,在低碳转型等国家战略的背景下,国家自创区更加注重绿色创新。国家自创区大多是由一个或多个高新区共同组成的,2021年科技部发布《国家高新区绿色发展专项行动实施方案》,提出要在国家高

第六章 国家自主创新示范区政策兴起与地区研发创新

新区率先实现联合国 2030 年可持续发展议程、工业废水近零排放、碳达峰、园区绿色发展治理能力现代化等目标,部分高新区率先实现碳中和,其中一项重要的内容就是引导国家高新区加强绿色技术供给、构建绿色技术创新体系。因此,国家自创区进一步鼓励企业采用环保技术和可持续发展策略,从而在创新的同时促进绿色发展,提升地区的绿色创新效率。

自 2014 年获批建设以来,苏南国家自创区紧紧围绕"三区一高地"的总体定位,高起点谋划、高标准推进,加快创新一体化步伐,逐步成为产业高地、人才高地和创新高地,为全省乃至全国高质量发展提供了有力支撑。经过近 10 年的发展,苏南国家自创区的建设取得了突出成效。江苏省科技发展战略研究院自 2016 年起持续发布的苏南国家自主创新示范区创新指数较为全面地反映了苏南国家自创区的创新发展情况。以 2014 年基期值为 100 进行计算,到 2020 年底,苏南创新指数为 221.85,整体翻了一倍多。《苏南国家自主创新示范区发展规划纲要(2021—2025年)》进一步指出,要把高水平自立自强作为苏南国家自创区的本质特征,以创新一体化集群式发展为主线,深化体制机制改革,着力提升区域的自主创新能力。当然,苏南国家自创区的建设过程中还存在着一些长期性、系统性的问题,主要是示范区内各设区市的创新发展程度不均衡、创新要素的协调作用不充分和产业协作链条较薄弱等,这些问题成为制约苏南国家自创区百尺竿头、更进一步,更好发挥创新推动效应的关键因素。

更加系统全面地测度国家自创区对区域整体的作用效果,能够更好地评估高新技术相关的区域性政策能否推动城市的创新效率提升、激发城市的创新活力,对于更好地优化政策具有显著的理论和现实意义。因此,本章首先从创新效率的视角探讨国家自创区政策的影响,随后从创新能力的角度进一步探讨其效应,最后从空间计量的角度研究绿色创新效率的时空演变特征,旨在获得更具有价值的研究结论。

二、文献综述

(一) 国家自创区的经济学原理

政治经济学中政策创新是一个重要的研究内容（Louise，1994；Suchman，1995），中央政府和地方政府在其中发挥着不同的作用（Frances and William，1990）。从经济学角度来看，国家自创区相当于一个政策试验区，它提供了在特定区域进行政策试点的机会，以便于在实验的基础上改进政策，"试验—认可"模式是我国政策创新的重要支撑（梅赐琪等，2015；石晋昕和杨宏山，2019）。在这一过程中，中央对政策效果进行评估，实现了对政策支持和示范方向的控制，地方则通过试点实现对政策经验的积累拓展和再创新（王路昊等，2023）。中央对怎么改革并不预先设定一个原则和目标，而是通过对试验的不确定态度，实现对地方的选择性控制，然后通过学习的模式进行推广（Heilmann，2008；周望，2016），这一制度有效激发了地方政府的改革热情，降低了政策试验可能遇到的阻力，加速了典型经验的扩散速度，从而提升了国家政策创新能力（杨宏山，2013；Golant and Sillince，2007）。政策试点的方式有助于减少政策实施的盲目性，提高政策的有效性和针对性（王路昊和林海龙，2021；王路昊，2022）。然而，地方政府的学习能力可能受制于本地的财政能力、领导人的创新意愿、政策问题的显著性以及可利用的智库资源等（杨宏山，2015），政策试点也存在处于悬浮的状态或最终失败的可能（Clark，2003；杨宏山和张健培，2023）。

(二) 国家自创区的整体实施效果

有研究表明，国家自创区对于环境保护和城市化进程的推进也有显著的推动作用。方兰等（2022）、景国文（2023）、郑酌基等（2023）和刘等（Liu et al.，2022）发现，国家自创区显著降低了地区碳排放，促进了地区经济低碳发展，而且表现出显著的地区异质性，相较于中西部地区，在东部地区更为有效。解佳龙（2019）发现，在国家自创区政策的推动下，科技人才集聚规模稳步上升，人力资本加速积累且个体创新效率提高，但人员结构尚待优化。示范区还能吸引和聚集大量的科技创新资源，具有产业集聚效应，为推动高技术产业的发展和战略性新兴产业培育提供了强有力的支撑，促进了区域内的经济增长（魏丽和卜伟，2018）和国家高新区高质量发展（刘小勇等，2022），并为国家层面的科技创新政策实施提供了宝贵的经验证据。高新技术的发展存在着较强的产业协同和体系效应。完善产业链布局、打造区域差异化产业链应当是促进高质量发展的重要内容（周阳敏和桑乾坤，2019），高研发创新投入和高创新效率是国家自创区实现产业转型升级的核心条件（马宗国和张辉，2019；马宗国和蒋依晓，2023）。在政策效能方面，针对自创区政策文本的研究表明，我国创新平台试点政策供给结构缺失，未能覆盖创新平台建设与运营的全过程和有效发挥政策对创新平台资源集聚与整合的引领作用（石书玲，2021），说明国家自创区政策仍有提升和优化的空间。

（三）国家自创区的创新效应

国家自创区是我国应对金融危机、提升区域创新能力的重要战略实践（李一鸣，2019；刘小勇等，2022）。自创区通过制定创新政策、提供资源支持和优化创新环境，刺激了地区内企业和机构特别是科技型企业和机构的创新活动（丁烈，2022；晏艳阳和严瑾，2019）。这种示范效应不仅在技术创新、产业升级等领域显著，还通过经验分享和成功范例的传递，引导周边地区的企业在创新领域投入更多精力，从而提升创新效率和城市整体创新能力（李婷婷，2021；赵雅曼，2022；Lan et al.，2022）。曹玉平（2023）通过对武汉东湖国家自创区的研究发现，国家自创区的设立优化了区域创新结构，对高端创新和创新商业化均有着显著且日益增强的促进作用。此外，示范区所提供的研发支持、政策激励等机制，促进了科技成果的转化和应用，进而提升了地区的创新能力。综合来看，国家自创区能够构建一个创新的生态系统，从而更加高效地发挥作用（赵倩倩和马宗国，2021）。然而，也有学者认为高新技术产业的集聚，对于创新的影响并不完全是正向的。杨震宁等（2015）认为，高新技术产业集聚兼具"温床效应"和"围城效应"，在助力产业创新的同时，也有可能对企业产生一些不必要的限制。有学者发现，国家自创区的设立有利于增加自主创新总量，但细分后在促进上市公司引进再创新产出的同时，显著降低了非引进再创新产出（朱德云和李锴淇，2023）。国家自创区的设立对于创新质量的影响也应该得到关注。国家自创区的核心行动者仍然是政府，市场潜力仍未得到完全发掘（章文光和吴映雄，2020），国家自创区的设立对其主体城市高质量创新的带动效应显著大于非主体城市（赵雅曼，2022）。针对苏南国家自创区的研究表明，虽然由省级层面自上而下推进的创新一体化工作取得了一定成效，但是由于各城市和高新区参与度不高，即使整合了9个国家高新园区资源，苏南的创新发展绩效，仍较中关村、珠三角等国家自创区存在较大差距（陆红娟等，2022），高新区马太效应在国家自创区仍有待加强。

在前文中，我们已经探讨了创新发展与绿色创新之间的关系，证明高新技术企业可能会产生更多的专利。此外，创新型城市建设和产业集聚对于绿色全要素生产率存在着显著的促进作用，表明创新带有自发的绿色效应（林伯强和谭睿鹏，2019；任晓松等，2020；聂长飞等，2021）。由于环境要素在国家自创区的发展评价过程中占据了重要地位，绿色发展也作为不可或缺的内容写入了国家自创区的发展规划，在制度环境的约束下，自创区的减排效应可能更加显著。研究表明，高新技术产业集聚对绿色经济效率的作用呈现U型关系，合理强度的高新技术产业集聚能够提高地区绿色经济效率（胡安军等，2018），目前绿色创新发展对国家自创区绿色高质量发展水平的贡献仍有待提高

(马宗国等，2022)。

(四) 文献述评

现有研究对于国家自创区的综合效果及其创新推动效果进行了比较细致的剖析。在创新推动领域，现有研究主要聚焦于国家自创区对企业层面创新的影响，而较少探讨其对城市整体创新的影响。本章进一步区分创新效率与创新能力两个维度，以苏南国家自创区为例，研究这一政策对城市创新的影响，进一步结合区域的绿色创新实践展开分析。需要说明的是，在上述城市中，昆山、江阴分别由苏州和无锡代管，武进隶属于常州，因此本章选取南京、苏州、无锡、常州、镇江这五个城市为试点城市，作为实验组，江苏省其余的城市或者全国其他非试点城市作为对照组进行研究。

三、创新效率测评

(一) 模型选择

在研究江苏省地区创新效率时，本章选择 DEA-BCC 模型作为评估工具。首先，这种非参数方法不仅避免了对生产函数形式的假设，还能适应多元的输入和输出情况，更为真实地捕捉创新活动的多样性。其次，BCC 模型的规模可变性假设有助于准确评价创新效率，免受规模因素的影响；此外，其考虑了投入产出之间的弹性，能够更细致地衡量创新效率，同时对技术变迁和结构调整具备较强的适应性。综上所述，基于 BCC 模型的评估为江苏省地区创新效率的研究提供了有力支持，能够提供更精准、全面的数据分析，为优化创新政策和资源配置提供重要的决策参考。其模型形式如下：

$$\min[\theta - \varepsilon(\sum_{j=1}^{m} s^- + \sum_{j=1}^{r} s^+)]$$

$$\text{s. t.} \begin{cases} \sum_{j=1}^{n} x_j \lambda_j + s^- = \theta x_0 \\ \sum_{j=1}^{n} y_j \lambda_j - s^+ = y_0 \\ \lambda_j \geq 0 \\ s^- \geq 0, s^+ \geq 0 \\ \sum_{j=1}^{n} \lambda_j = 1 \end{cases} \quad (6.1)$$

其中，n 为决策单元的个数（DUM），此处为地级市；θ 为决策单元效率的评价值，记为 EFF，此处为地级市的创新效率，且为投入导向型 BCC 模型的效率评价值；x 和 y 分别为投入向量和产出向量；s^+ 和 s^- 分别为产出和投入的松弛变量；λ 为各单位的组合系数，组合系数加总为 1 表明假设规模报酬可变；ε 为阿基米德无穷小量。鉴于江苏省样本量限制，可能导致后续估计存在较大偏差，纳入其邻省地级市共同构造技术前沿面，以此对江苏省各地级市的创新效率进行测度。

（二）指标体系选取

本章针对江苏省创新效率评价指标体系进行探究，涵盖投入和产出两个维度。考虑到古典经济增长理论，总产出受劳动力和资本投入的共同影响，因此选用 R&D 人员数量（x_1）和科学技术支出总额（x_1）作为投入指标，前者从劳动角度进行衡量，后者则涵盖了资本投入。针对可能存在的缺失值，运用线性插值法进行数据补全。在创新产出方面，主要关注专利授权数量（y_1）和新产品销售收入（y_2）。然而，新产品销售收入数据仅在省级范围内，缺乏地级市数据。为弥补此情况，我们首先获取省级数据，然后按照各地级市规模以上内资企业工业总产值在全省的比例进行分配，从而获得各地级市新产品收入的替代指标。数据来源于《中国城市统计年鉴》《中国科技统计年鉴》，以及各省份的统计年鉴。

第六章 国家自主创新示范区政策兴起与地区研发创新

由于我国国家自创区政策从2009年开始实施，为方便观察地级市在任何国家自创区成立前的状态，我们将研究样本限定为2008~2021年。

（三）测算结果

本章运用MaxDEA等工具对创新效率进行了测算。为规避数据分布的偏度可能带来的估计偏差，在测算之前对投入产出数据进行了标准化处理。表6-2呈现了估计结果，为便于观察，按照各地级市效率的平均值从左往右进行排序。

表6-2　江苏省地级市创新效率测评

年份	南京	苏州	无锡	镇江	常州	扬州	南通	泰州	徐州	盐城	淮安	宿迁	连云港
2008	0.83	0.93	0.90	0.76	0.90	0.77	0.57	0.73	0.69	0.66	0.54	0.70	0.53
2009	0.89	0.80	0.91	0.90	0.93	0.76	0.87	0.63	0.80	0.75	0.74	0.35	0.42
2010	0.95	0.90	0.90	0.75	0.79	0.90	0.60	0.98	0.93	0.85	0.40	0.79	0.61
2011	0.91	0.85	0.91	0.82	0.91	0.67	0.78	0.57	0.56	0.94	0.95	0.93	0.66
2012	0.80	0.81	0.78	0.89	0.74	0.62	0.82	0.63	0.60	0.75	0.76	0.53	0.42
2013	0.81	0.78	0.92	0.81	0.75	0.93	0.78	0.75	0.52	0.63	0.98	0.61	0.42
2014	1.00	0.82	0.93	0.86	0.86	0.94	0.79	0.74	0.77	0.41	0.60	0.48	0.84
2015	1.00	0.98	0.80	1.00	0.96	1.00	0.81	0.72	0.98	0.44	0.37	0.81	0.56
2016	0.99	0.99	0.99	1.00	1.00	0.99	0.74	0.90	0.78	0.84	0.49	0.61	0.63
2017	0.92	0.88	0.82	0.92	1.00	0.61	0.56	0.67	0.78	0.96	0.47	0.28	0.75
2018	1.00	0.98	0.95	0.85	0.94	0.81	0.78	0.74	0.52	0.55	0.47	0.87	0.59
2019	1.00	1.00	0.82	0.92	0.84	0.88	0.60	0.86	0.59	0.59	0.93	0.37	0.61
2020	0.98	1.00	1.00	0.94	1.00	0.91	0.92	0.51	0.65	0.72	0.58	0.75	0.40
2021	0.96	0.93	0.92	1.00	0.81	0.79	0.80	0.92	0.65	0.44	0.50	0.54	0.75
平均	0.93	0.90	0.90	0.89	0.89	0.83	0.74	0.74	0.70	0.68	0.63	0.62	0.59
2014年之前的平均值	0.87	0.84	0.89	0.82	0.83	0.77	0.74	0.71	0.68	0.76	0.73	0.65	0.51

注：为方便观测，对创新效率值仅取前两位小数。

从表6-2可以看出，南京、苏州、无锡、镇江、常州等城市呈现较高的创新效率，恰好这些城市是苏南国家自创区的试点城市。这显示，苏南国家自创区的设立或许有助于提升地级市的创新效率。然而，也可能是因为这些地区本身的创新效率就较高，因而被选为试点城市。为了验证此问题，我们对2014年政策实施前各地级市的创新效率进行了平均，从结果中可观察到，各城市的排名略有变化，但上述城市仍居于前列，表明在成为试点城市之前，这些城市已具备较强的创新潜力。因此，对苏南国家自创区政策的实际效果需要进一步深入考察。

为深入研究苏南国家自创区政策与地级市创新效率的关系，我们绘制了江苏省地级市创新效率的时序变化图（见图6-1）。2008年，各地级市整体创新效率相对较低，南部城市普遍高于北部城市，呈现出一定程度的集聚效应。随后的年份中，特别是2014年政策开始实施后，所有城市创新水平普遍提升，南部城市仍保持高水平。至2018年，政策效应充分显现，位于苏南国家自创区的南京、苏州、无锡、镇江、常州等城

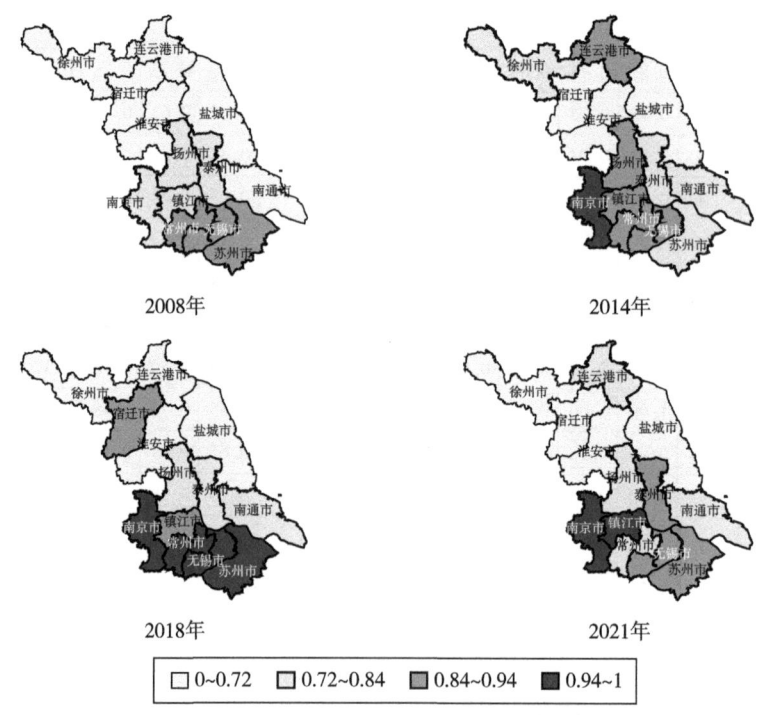

图6-1　江苏省地级市创新效率变动

市创新效率显著提升。然而,到 2021 年,虽然受到新冠疫情影响,全体城市创新效率出现一定下降,但试点城市仍保持较高水平。为更精确地评估政策效果,我们采用双重差分法进行回归分析。

四、苏南国家自创区政策对城市创新效率的影响

(一) DID 检验

本章运用双重差分(DID)法评估苏南国家自创区政策效应。为了便于观察政策实施前后实验组与对照组创新效率差异的演变,我们采用 DID 中匹配的思路来估计政策效应。鉴于实验组和对照组同时受到未观测非时变因素 U_i 影响,传统匹配方法中的条件均值独立性假设($E[Y_{0i}|D_i=1] = E[Y_{0i}|D_i=0]$)不成立。然而,若共同趋势假设($E[\Delta Y_{0i}|D_i=1] = E[\Delta Y_{0i}|D_i=0]$)成立,则实验组和对照组受到未观测非时变因素 U_i 影响的方式是相同的。假若实验组未受到政策干预,那么其被解释变量在干预前后的差异等于控制组被解释变量在干预前后的差异,于是我们可以将干预组在政策干预前后的差异作为处理组未受到政策干预时的反事实结果。接着,通过用实验组在政策干预前后的实际差异减去反事实结果,得到政策效应。因此,政策效应可被表示为:

$$\tau_{ATT} = E[Y_{it} - Y_{it-1}|D_i=1] - E[Y_{it} - Y_{it-1}|D_i=0] \quad (6.2)$$

$$\text{s.t} \begin{cases} E[\Delta Y_{0i}|D_i=1] = E[\Delta Y_{0i}|D_i=0] \\ \Delta Y_{0i} = Y_{0it} - Y_{0it-1} \end{cases}$$

由式(6.2)可以看出,DID 法实际上也是一种匹配,只不过是对增量的匹配,而不是对水平量的匹配,直接用水平量进行匹配不能消除未观测混杂因素的影响,使用增量进行匹配时,由于计算增量时利用了两期结果的差分,就消除了未观测非时变因素的影响,从而得到了正确的

政策结果。将式（6.2）中τ_{ATT}变形后可得：

$$\tau_{ATT} = \{E[Y_{it} | D_i = 1] = E[Y_{it} | D_i = 0]\} - \{E[Y_{it-1} | D_i = 1]$$
$$= E[Y_{it-1} | D_i = 0]\} \quad (6.3)$$

$$s.t \begin{cases} B_t = B_{t-1} \\ B_t = E[Y_{0i} | D_i = 1] - E[Y_{0i} | D_i = 0] \end{cases}$$

因此，处理组结果的增量与控制组结果的增量之间的差异可以转化为事前事后两组结果的差异。与此同时，平行趋势假设也可以等同于不变偏差假设，即在没有政策干预的情况下，事前事后两组结果的差异是相等的。本章遵循这一思路进行了估计，估计结果如表6-3所示。

表6-3　　　苏南国家自主创新示范区对城市创新效率的影响

双重差分模型估计结果				
双重差分使用的总样本量：182				
	政策发生前	政策发生后		
控制组	48	64	112	
处理组	30	40	70	
	78	104		
结果变量	创新效率	标准误	T值	P值
政策发生前				
控制组	0.695			
处理组	0.850			
控制组与处理组一次差分	0.155	0.027	5.85	0.000***
政策发生后				
控制组	0.687			
处理组	0.940			
控制组与处理组一次差分	0.253	0.025	5.85	0.000***
控制组与处理组双重差分	0.097	0.036	2.68	0.008***
R^2	0.360			

注：*** 表示在1%的水平上显著。

从表 6-3 可以看出，共有 182 个样本，对应江苏省 13 个地级市 14 年的创新效率，其中 70 个样本为处理组，另外 112 个样本为控制组，在处理组中，有 40 个样本位于政策发生之后，属于真正接受处理的样本。在政策发生前，控制组的平均效率为 0.695，处理组的平均效率为 0.850，因此，相比于控制组，处理组在政策发生前就具有较强的创新能力，且两组之间的差异为 0.155，在 1% 的水平上显著，这一差异为式（6.3）中的 $B_{t-1} = E[Y_{0it-1} | D_i = 1] - E[Y_{0it-1} | D_i = 0] = E[Y_{it-1} | D_i = 1] - E[Y_{it-1} | D_i = 0]$。在政策发生后，即南京、苏州、无锡、常州、镇江被选为苏南国家自创区的试点城市，再来评估对照组与处理组之间创新效率的差异。从表 6-3 可以看出，控制组平均的创新效率为 0.687，与政策发生前没有太大的变化，但是处理组在政策发生后的平均效率有显著的提升，为 0.940，政策发生后，处理组和控制组之间效率的差异为 0.253，即 $E[Y_{it} | D_i = 1] = E[Y_{it} | D_i = 0]$，这一效应既包含苏南国家自创区冲击的政策效应，也包含两组事前的差异，如果不变偏差假设成立，那么这一数值与 B_{t-1} 的差值即为政策效应，为 0.097，且在 1% 的水平上显著，说明苏南国家自创区的建立能够进一步提升试点地区的创新效率。

（二）不变偏差假设检验

通过以上分析，我们发现苏南国家自创区的设立能够提升试点地区的创新效率，前提在于不变偏差假设成立，即 $B_t = B_{t-1}$。在此分析中，我们可以获得 B_{t-1} 的数值，但无法获取 B_t，因为处理组在干预后未受到政策影响的潜在结果不可观测。为了验证此假设，选取 2008~2013 年的样本，将 2011 年作为伪政策干预时点，若前后两组结果之间的差异不显著，可认为 $B_t = B_{t-1}$ 成立，或者至少表明没有拒绝该等式的证据。基于此思路进行了检验，具体结果如表 6-4 所示。

表6-4　　　　　　　　创新效率不变偏差检验

双重差分模型估计结果				
双重差分使用的总样本量：78				
	政策发生前	政策发生后		
控制组	24	24	48	
处理组	15	15	30	
	39	39		
结果变量	创新效率	标准误	T值	P值
政策发生前				
控制组	0.691			
处理组	0.869			
控制组与处理组一次差分	0.178	0.038	4.67	0.000***
政策发生后				
控制组	0.699			
处理组	0.832			
控制组与处理组一次差分	0.133	0.037	3.54	0.001***
控制组与处理组双重差分	-0.045	0.037	0.85	0.398
R^2	0.250			

注：***表示在1%的水平上显著。

从表6-4可以看出，伪政策发生之前，控制组平均创新效率为0.691，处理组平均创新效率为0.869，两者之间差异为0.178，即B_{t-1}，在1%的水平上显著，说明处理组的创新效率明显高于控制组。在伪政策发生之后，控制组的平均创新效率为0.699，处理组的平均创新效率为0.832，两者均没有发生较大的变动，两者之间的差异为0.133，仍然在1%的水平上显著。由于实际上并没有真正发生政策冲击，伪政策发生后两组结果的差异可以看作B_t，如果B_t与B_{t-1}没有显著差异，则认为不变偏差假设成立。从表6-4可以看出，B_t与B_{t-1}的差异为0.045，在10%的水平上不显著，可以认为，如果没有苏南国家自创区的设立这一政策的影响，处理组和控制组之间的差异在事前和事后是相等的，通过了不变偏差的检验。

五、地区创新能力评价

(一) 指标选取

为了深入分析地级市的创新水平,我们从创新能力的角度出发进一步探讨。本章采用了寇宗来和刘学悦(2017)所构建的城市创新能力指数及产业创新能力指数,记为 $Ablty$。构建过程分三步:首先,利用国家知识产权局的微观发明专利法律状态更新信息与不同年龄发明专利的年费结构,运用帕克斯和舒克曼(Pakes and Schankerman,1984)的专利更新模型,估算不同年龄发明专利的平均价值,获得权重系数 V_1,V_2,$\cdots$,V_{20}(发明专利最长保护期为 20 年),数据已追溯至 2021 年;其次,将每年底(12 月 31 日)作为观测时点,选取有效专利(已授权且在存续期内),按城市进行加权,得到年度专利价值总量:$TV = \sum N_i \times V_i$(N_i 为年龄为 i 的有效发明专利数量);最后,以 2001 年全国专利价值总量标准化为 100,计算得出 2001~2021 年各维度的创新指数。相较于其他创新指数报告,这一创新指数的构建有以下特点:(1)聚焦创新产出而非创新投入,通过评价专利数量等创新产出数据来比较城市和产业的创新能力,而不使用研发支出等创新投入数据;(2)倚重微观大数据,利用国家知识产权局和国家市场监督管理总局的微观大数据进行指数计算,以确保时效性和前瞻性;(3)重视专利价值,考虑不同专利的价值差异,运用专利更新模型估计各类专利的平均价值,纠正误差后进行指数计算。

(二) 计算结果与变化趋势

表 6-5 呈现了江苏省地级市的创新能力指数,为便于观察,按平均指数从左至右排序。与表 6-2 对比,地级市的创新效率与创新能力呈一

定关联，创新效率强者创新能力通常较高，尽管排名不完全相同。在时间维度上，各地级市创新能力快速增长，有些城市的创新能力指数在14年内增长数倍。为更明晰地观测地级市创新能力增长水平及差异，我们绘制了折线图来展示各城市创新能力指数随年份的变化情况（见图6-2）。图6-2显示，南京市和苏州市增长相似且遥遥领先，紧随其后为无锡和常州等城市。这些表现优异的城市正是苏南国家自创区的试点城市。然而，试点城市是否因此受政策影响表现出更卓越的增长趋势，单凭趋势图难以断定，需依赖实证验证。与前述方法类似，首先采用双重差分法验证该政策效应。

表6-5　　　　　　　　　　江苏省地级市创新能力

年份	南京	苏州	无锡	常州	南通	镇江	徐州	扬州	泰州	盐城	连云港	淮安	宿迁
2008	21.06	7.58	5.86	3.45	2.03	1.36	1.35	1.49	1.18	0.67	1.26	0.80	0.11
2009	28.90	12.68	9.12	5.42	2.71	2.38	1.88	2.28	1.70	1.07	1.63	1.23	0.13
2010	39.67	19.10	14.34	8.19	4.04	4.06	2.56	3.30	2.63	1.63	2.11	1.86	0.26
2011	54.34	30.17	22.86	11.83	6.42	6.86	3.64	4.66	3.90	2.35	2.87	2.60	0.49
2012	75.10	51.50	35.42	17.69	9.88	11.36	5.64	6.79	5.53	3.40	4.07	3.64	0.76
2013	97.43	76.33	49.37	23.89	13.89	15.90	8.33	8.78	6.88	4.93	5.60	4.90	1.06
2014	120.73	101.89	63.00	32.21	18.55	21.58	11.02	10.97	8.63	6.20	7.18	6.10	1.46
2015	155.93	150.30	87.46	44.50	28.54	33.27	16.65	14.64	11.54	8.33	9.51	7.34	2.36
2016	194.80	217.11	113.80	58.95	42.47	46.95	22.68	18.29	16.71	12.50	11.92	9.22	3.17
2017	246.76	276.37	137.28	73.69	55.07	58.62	30.00	23.37	21.86	19.37	14.87	10.82	4.14
2018	298.03	332.97	161.78	88.67	66.48	69.03	38.99	30.19	28.46	26.54	17.90	12.81	5.27
2019	363.25	384.83	188.00	103.62	79.51	79.50	51.39	36.93	34.28	34.11	21.34	15.19	6.37
2020	447.12	451.96	219.33	122.23	94.76	89.32	67.26	45.71	42.27	42.59	25.67	18.66	7.75
2021	568.20	551.42	262.70	153.32	132.1	106.30	91.62	57.86	52.37	55.13	31.96	24.40	10.43
平均	193.67	190.30	97.88	53.40	39.76	39.04	25.21	18.95	17.00	15.63	11.28	8.54	3.12

注：为方便观测，创新能力仅取前两位小数。

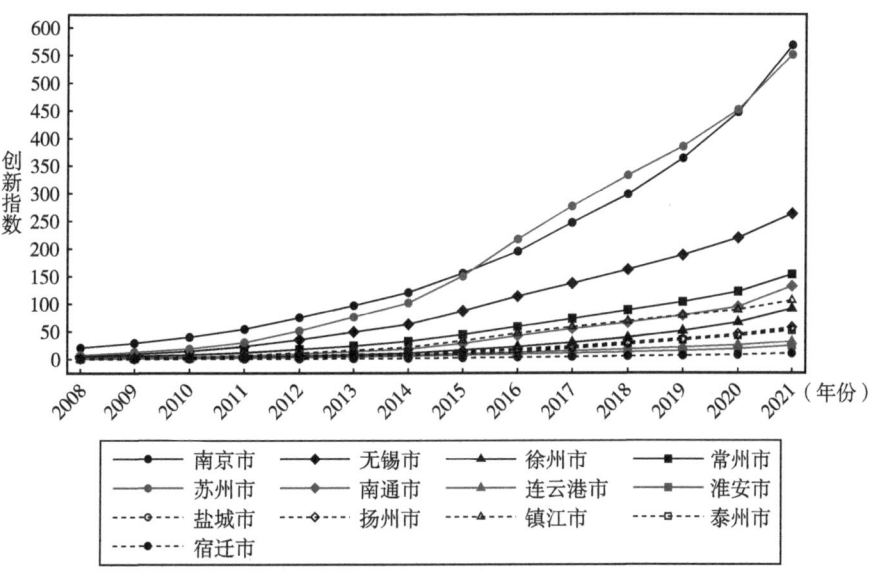

图 6-2　2008~2021年江苏省地级市创新能力变化情况

资料来源：根据表6-5整理所得。

六、苏南国家自创区对城市创新能力的影响

(一) DID 检验

为验证苏南国家自创区对江苏省试点城市创新能力的显著政策效应，我们采用DID检验法。在不变偏差假设下，检验事后处理组与控制组的差异是否与事前两组的差异存在显著性差异，检验方法与前文相似，结果如表6-6所示。从表6-6可见，在苏南国家自创区成立前，控制组城市平均创新能力指数为3.352，试点城市为25.441，相差22.089，在1%水平上显著。这说明政策发生前，南京、苏州、无锡等城市已具有较高的创新领先水平。国家自创区成立后，控制组和处理组城市创新能力均有提升，前者指数为27.999，后者为181.919，差异仍在1%水平上显著。若不变偏差假设不成立，则事前事后差值即政策效应，从表6-6可得差值为131.831，在1%水平上显著，表明苏南国家自创区提升了地区创新能力。

表6-6　　　苏南国家自主创新示范区对城市创新能力的影响

双重差分模型估计结果				
双重差分使用的总样本量：182				
	政策发生前	政策发生后		
控制组	48	64	112	
处理组	30	40	70	
	78	104		
结果变量	创新能力	标准误	T值	P值
政策发生前				
控制组	3.352			
处理组	25.441			
控制组与处理组一次差分	22.089	4.492	4.92	0.000***
政策发生后				
控制组	27.999			
处理组	181.919			
控制组与处理组一次差分	153.920	22.971	6.70	0.000***
控制组与处理组双重差分	131.831	23.406	5.63	0.008***
R^2	0.49			

注：*** 表示在1%的水平上显著。

（二）不变偏差假设检验

前文我们使用DID检验得出了苏南国家自创区能够显著促进试点地区创新能力的结论，这一结论的前提是不变偏差假设成立。为了检验这一假设是否成立，我们采用与前文相同的方法，选取2008~2013年的样本，将2011年作为伪政策干预时点，估计结果如表6-7所示。从表6-7可以看出，伪政策发生前，处理组和控制组之间的差异为10.549，即B_{t-1}，在1%的水平上显著。伪政策发生后，两组结果的差异为33.629，即B_t，也在1%的水平上显著。将两次差异继续做差后，发现结果为23.080，仍然在1%的水平上显著，即拒绝了$B_{t-1}=B_t$的原假设，没有通过不变偏差假设。这说明，处理组和控制组在苏南国家自创区政策发生前，不仅受非时变因素影响，还可能受未观测时变因素影响，使得处理组和控制组在政策发生前就有差异趋势。这一现象在图 6-2 中也有所体现，虽然从 2014 年开始，试点城市与非试点城市创新能力差距进一步扩大，但这差距并非从 2014 年始，2014 年之前已有差异趋势。因此，前述 DID 检验结果中，政策效应可能混杂着其他 2014 年前政策的影响，估计结果可能存在偏误，需要结合其他方法进一步验证。

表 6-7　　　　　　　　　创新能力不变偏差检验

双重差分模型估计结果				
双重差分使用的总样本量：78				
	政策发生前	政策发生后		
控制组	24	24	48	
处理组	15	15	30	
	39	39		
结果变量	创新能力	标准误	T 值	P 值
政策发生前				
控制组	1.663			
处理组	12.212			
控制组与处理组一次差分	10.549	2.791	3.78	0.000 ***
政策发生后				
控制组	5.041			
处理组	38.670			
控制组与处理组一次差分	33.629	7.112	4.73	0.001 ***
控制组与处理组双重差分	23.080	7.640	3.02	0.003 ***
R^2	0.530			

注：*** 表示在 1% 的水平上显著。

（三）SCM 检验

当 DID 检验不满足平行趋势假设或者不变偏差假设时，说明处理组和控制组受到了未观测时变因素的影响，此时可以采用合成控制法来解决这一问题。这一方法由阿瓦迭和加尔迪萨巴尔（Abadie and Gardeazabal, 2003）首次提出，其核心思想在于：尽管直接寻找与处理组完全相似的控制组难度较大，但我们可以借助线性组合的方式创造出一个可与处理组进行比较的"虚拟"控制组（又称合成控制组），以解决处理组和控制组之间差异的问题。在最近发表于《经济展望》（*Journal of Economic Perspective*）杂志的一项对政策评估计量经济学的调查中，美国经济学会现任会长苏珊·阿西（Susan Athey）以及2021年诺贝尔经济学奖获得者吉多·因本斯（Guido Imbens）将合成控制法评价为"过去15年政策评估文献中最具重要性的创新"。

为进行合成控制法的运算，我们假定有 $N+1$ 个地区，区域1为处理组，比如南京市，其余 N 个地区为控制组。由于江苏省只有13个地级市，且其中5个城市为处理组，只使用其余8个城市做对照组会产生较大的偏差，因此使用全国非试点城市作为控制组。区域1在 T_0 年之后受到政策干预，其余 N 个城市没有受到政策干预，这里 $T_0=2013$，即在2014年开始受到政策干预。用 Y_{1it} 表示第 i 个城市在第 t 年如果被选为试点城市时的潜在结果，Y_{0it} 表示第 i 个城市在第 t 年没被选为试点城市时的潜在结果，因此，苏南国家自创区的政策效应为 $\tau_{it}=Y_{1it}-Y_{0it}, i=1,\cdots,N+1, t=1,\cdots,T$。用 D_{it} 表示第 i 个城市第 t 年是否属于苏南国家自创区的试点城市，如果属于则 $D_{it}=1$，否则 $D_{it}=0$。城市 i 在第 t 年的观测结果为 $Y_{it}=D_{it}Y_{1it}+(1-D_{it})Y_{0it}=Y_{0it}+\tau_{it}D_{it}$。我们需要估计的第一个城市，如对南京市的政策影响（$\tau_{iT_0+1},\cdots,\tau_{iT}$），即 $\tau_{it}=Y_{11t}-Y_{01t}=Y_{1t}-Y_{01t}, t>T_0$。第一个试点城市受到苏南国家自创区影响后的创新能力的潜在结果 Y_{11t} 可以观测到，即等于观测结果 Y_{1t}。但是，如果这一试点城市没有受到苏南国家自创区的影响，其潜在结果 Y_{01t} 不可观测，因此，求解苏南国家自创区政策影响的关键即为估计反事实结果 Y_{01t}。我们使用以下模型进行估计：

$$Y_{0it}=\delta_t+\lambda_t\mu_i+\varepsilon_{it}, i=1,\cdots,N, t=1,\cdots,T \qquad (6.4)$$

其中，δ_t 为未知的公共因子，对所有个体影响相同，通过时间固定效应可以加以控制；λ_t 是 $1\times F$ 维的未观测时变因素，也是造成平行趋势检验不通过的原因；μ_i 是 $F\times 1$ 维的系数向量；ε_{it} 是随机扰动项。现在考虑一

个 $N \times 1$ 的权重向量 $W = (w_2, \cdots, w_{N+1}), w_j \geq 0, j = 2, \cdots, N+1$，且满足 $\sum_{j=2}^{N+1} w_j = 1$。这里权重设置为负，即用其他控制组城市的凸组合来合成试点城市，避免外推造成的可能偏差。特点的权重向量代表一个特点的权重矩阵，对于权重向量 W，合成控制模型为 $\sum_{j=2}^{N+1} w_j Y_{it} = \delta_t + \lambda_t \sum_{j=2}^{N+1} \mu_j + \sum_{j=2}^{N+1} \varepsilon_{jt}$，如果存在权重向量 $W^* = (w_2^*, \cdots, w_{N+1}^*)$，使得 $\sum_{j=2}^{N+1} w_j^* Y_{j1} = Y_{11}$、$\sum_{j=2}^{N+1} w_j^* Y_{j2} = Y_{12}$ 和 $\sum_{j=2}^{N+1} w_j^* Y_{jT_0} = Y_{1T_0}$ 成立，同时如果 $\sum_{t=1}^{T_0} \lambda_t' \lambda_t$ 是非奇异的，则有 $Y_{01t} - \sum_{j=2}^{N+1} w_j^* Y_{jt} = \sum_{j=2}^{N+1} w_j^* \sum_{s=1}^{T_0} \lambda_t \left(\sum_{n=1}^{T_0} \lambda_n' \lambda_n \right)^{-1} \lambda_s' (\varepsilon_{js} - \varepsilon_{1s}) - \sum_{j=1}^{N+1} w_j^* (\varepsilon_{jt} - \varepsilon_{1t}) \xrightarrow{T_0 \to \infty} 0$，从而 $\hat{Y}_{01t} = \sum_{j=2}^{N+1} w_j^* Y_{jt}$，试点城市 1，如南京市受到苏南国家自创区的政策影响为：

$$\hat{\tau}_{1t} = Y_{1t} - \sum_{j=2}^{N+1} w_j^* Y_{jt}, t = T_0 + 1, \cdots, T \tag{6.5}$$

因此，估计政策效应的关键转化为对权重矩阵 W^* 的估计。

图 6-3 展示了采用合成控制法估计的苏南国家自创区对南京市的政策影响。横坐标表示年份，纵坐标表示城市创新能力指数，其中 2014 年处垂直横轴的虚线代表政策实施年。两条曲线中，实线代表南京市创新能力指数的真实趋势，虚线则表示使用合成控制法构建的南京市，作为真实南京市的合成控制组。前文已指出，政策冲击前的观察时段越长，合成控制效果越佳。因此，我们将样本时间扩展至 2005 年，以使政策实施年（2014 年）位于数据样本的中心。观察图 6-3 可知，在政策实施前期，南京市与合成控制南京市表现出高度相似性，证明合成控制方法的拟合效果良好。综上所述，政策实施后，可将合成控制南京市视为未经政策干预的南京市的反事实结果，真实南京市与合成控制南京市之间的差异即为苏南国家自创区政策效应的度量。从图 6-3 中明显可见，自 2014 年开始，真实南京市和合成控制南京市呈现出不同的趋势，前者的

增长速度快于后者，且二者之间的差距逐年扩大，表明苏南国家自创区对南京市的创新能力产生了显著的积极影响。

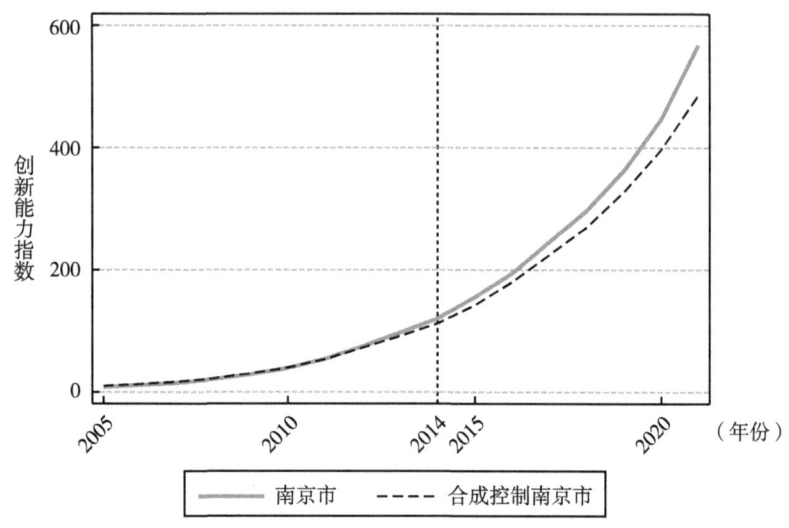

图 6-3　南京市合成控制法拟合

图 6-4 至图 6-7 展示了通过合成控制法估计得出的苏州市、无锡市、常州市和镇江市的政策效应。从中可以看出，在苏南国家自创区设立之前，这 4 个地级市的处理组与合成控制组呈现出高度相似的趋势，表明合成控制法具备出色的拟合效果。随着政策实施后，这 4 个地级市的实际发展趋势显著超越了合成控制组，表明苏南国家自创区对试点城市的创新能力产生了显著的促进作用。在确立了这一结论的基础上，有望进一步深入探讨政策效果的强度。需要指出的是，图 6-4 至图 6-7 中的苏州市、无锡市、常州市和镇江市政策效应呈现出相似的趋势，然而真实南京市与合成南京市的差异好像相对较小。这种错觉是由各地级市创新能力的基础差异所导致的，为了更准确地比较不同地级市政策效应的差异，可以将各地级市的实际增长趋势与合成控制组的增长趋势相减，从而获得苏南国家自创区的政策净效应，最终将各地级市的净效应绘制在同一坐标轴上。

第六章 国家自主创新示范区政策兴起与地区研发创新

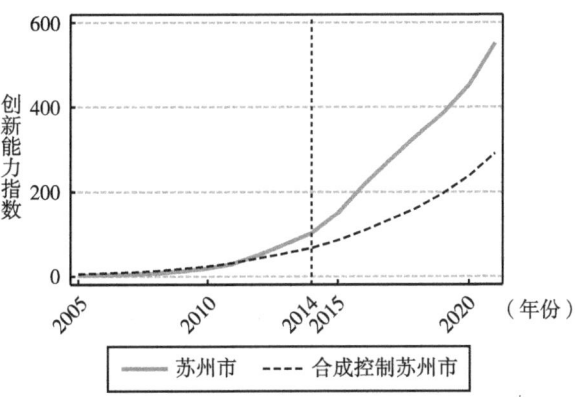

图6-4 苏州市合成控制法拟合

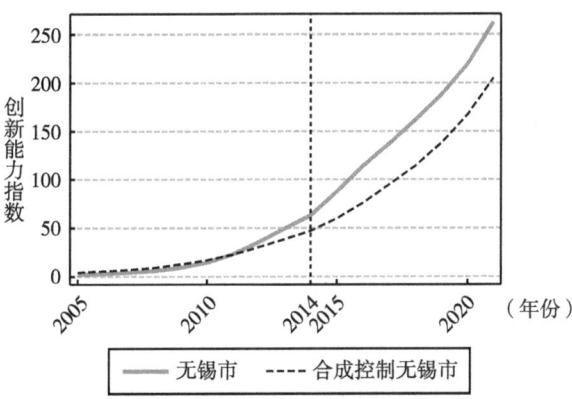

图6-5 无锡市合成控制法拟合

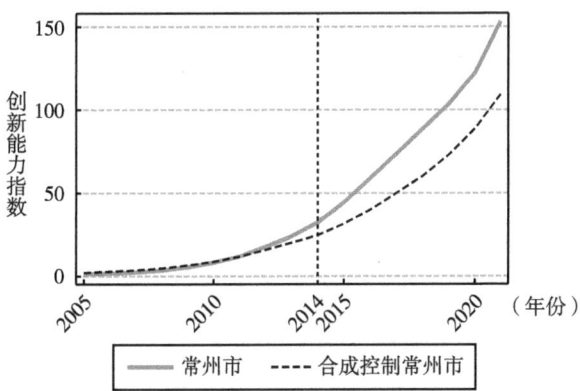

图6-6 常州市合成控制法拟合

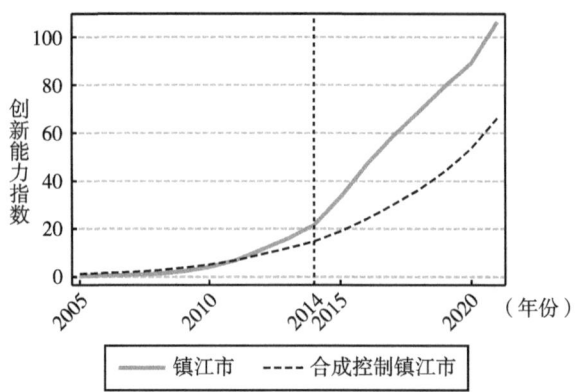

图 6-7 镇江市合成控制法拟合

图 6-8 展示了苏南国家自创区 5 个试点城市的政策效应趋势。在 2014 年政策实施之前，政策效应接近于零，表明合成控制法具备良好的拟合性。随着政策的实施，各试点城市的政策效应逐年显著增加。在这 5 个试点城市中，苏州市的政策效果最为显著，其创新能力指数得到了明显的提升，而其他 4 个地级市的政策效果相对较为相似。这一发现与图 6-2 中的情况一致。图 6-2 揭示了 2014 年以前南京市创新能力一直在全省位列第一，苏州市位列第二。然而，在国家自创区设立后，苏州市的创新能力迅速提升，在 2015 年超越南京市，成为全省创新能力的领先者，并一直保持这一地位长达 5 年，直至 2021 年再次被南京市超越。综合表 6-5 数据，目前南京市创新能力仍然排江苏省第一名，但与苏州市的差距十分微小。

（四）置换检验

鉴于合成控制法未对系数进行回归估计，基于大样本假设检验方法不适用。为此，我们采用置换检验方法进行显著性推断。首先，我们设定零假设，即苏南国家自创区无政策效应；接着，将 5 个试点城市置于全国控制组内，随机从全国非试点城市中抽取一个作为替代试点城市，应用之前提到的合成控制法，推断其政策效应；重复上述步骤 100 次，得到 100 个替代试点城市的政策效应估计，构建出一个政策效应估计的分布。在此基础上，分析南京市、苏州市、无锡市、常州市和镇江市这 5 个城市的政策效应在分布中的位置，如果其位于分布尾部，如前 5%，则表明若零假设成立，观测到此政策效应的概率小于 5%，从而以 5% 显著性水平拒绝零假设，证实苏南国家自创区政策效应的显著性。

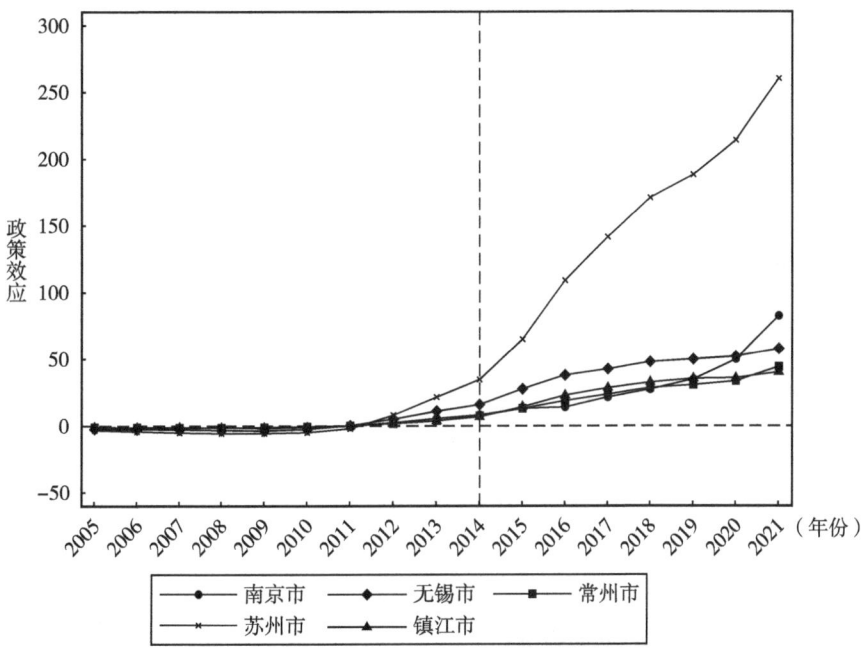

图 6-8 苏南国家自主创新示范区试点城市政策效应

图 6-9 展示了置换检验的估计结果，形状标记的线条代表 5 个试点城市的政策效应，而灰色线条则代表控制组城市的政策效应。由于控制组城市未受干预，若估计结果显示有显著政策效应，则前述分析可能存在问题，这意味着未受苏南国家自创区影响的城市呈现出与试点城市类似的政策效应，此政策效应可能非因苏南国家自创区引起，而可能是其他因素所致。从图 6-9 中，我们观察到控制组城市政策效应近似于均值为零的正态分布，而试点城市位于分布尾部。仅有不到 10 个城市位于南京市、无锡市、常州市和镇江市 4 个城市之上，且均位于苏州市之下，

因此，至少在10%的显著性水平上，能表明苏南国家自创区有助于提升试点城市的创新能力。

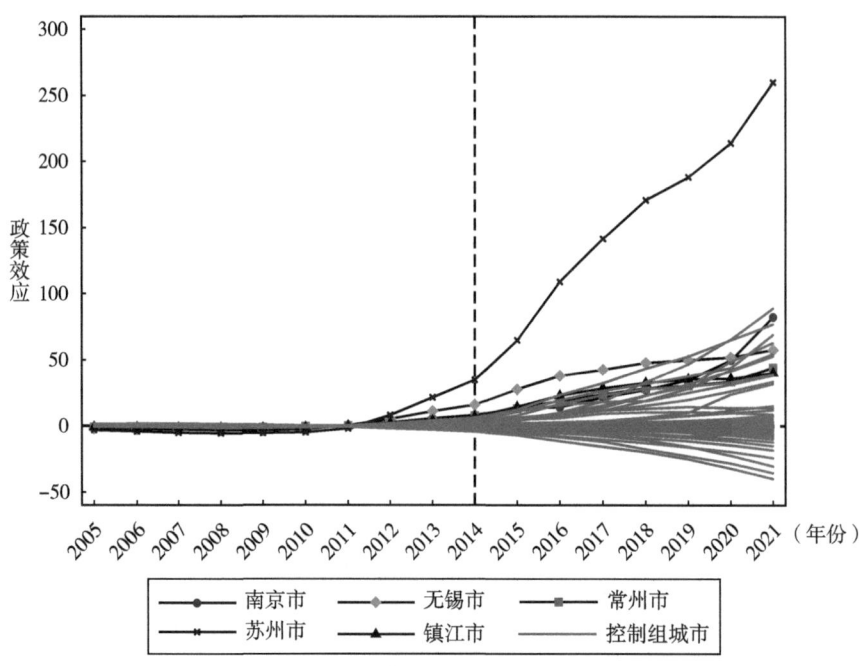

图6-9 合成控制法的置换检验

七、绿色创新效率测度

当前，中国政府致力于实现"碳达峰"和"碳中和"目标，将绿色经济作为全球产业竞争的关键焦点。在此背景下，在国家自创区内推动地区绿色创新成为政府实现绿色低碳发展目标的重要手段，通过政府补贴等措施来弥补市场机制不足，鼓励企业在绿色领域进行创新，从而推动我国绿色经济的可持续发展。因此，我们进一步从绿色创新效率的角度进行研究。在地级市绿色创新效率研究中，涉及期望产出和非期望产出。期望产出是指在给定资源投入的情况下，预期可以实现的环境友好和可持续发展方面的创新成果，这些成果通常包括创新的绿色产品、

第六章　国家自主创新示范区政策兴起与地区研发创新

清洁能源技术等，它们在一定程度上代表了地级市积极追求的目标。而非期望产出则是那些难以避免但对环境或社会产生负面影响的产出，如污染物排放、资源浪费等。在评估地级市的绿色创新效率时，需要同时考虑期望产出的最大化和非期望产出的最小化，以实现绿色可持续发展的整体目标。因此，本章使用了基于非径向、非角度的超效率 SBM 模型，可以同时纳入期望产出和非期望产出进行分析。超效率 SBM 模型如下：

$$\rho = \min \frac{1 - \frac{1}{m}\sum_{i=1}^{m}\frac{s_i^-}{x_m}}{1 + \frac{1}{s_1+s_2}\left(\sum_{r=1}^{s_1}\frac{s_r^g}{y_{r0}^g} + \sum_{r=1}^{s_2}\frac{s_r^b}{y_{r0}^b}\right)}$$

$$\text{s. t.} \begin{cases} \sum_{j=1, j\neq 0}^{n} x_j \lambda_j + s^- = x_0 \\ \sum_{j=1, j\neq 0}^{n} y_j \lambda_j - s^g = y_0^g \\ \sum_{j=1, j\neq 0}^{n} y_j \lambda_j + s^b = y_0^b \\ \sum_{j=1, j\neq 0}^{n} \lambda_j = 1 \\ \lambda_j \geq 0, s^- \geq 0, s^g \geq 0, s^b \geq 0 \end{cases} \quad (6.6)$$

其中，目标函数 ρ 为地级市绿色创新效率值，记为 $GEFF$；n 为决策单元的个数，此处以全国地级市为研究样本；$X = [x_1, \cdots, x_n] \in R^{m \times n}$ 为投入要素，此处仍然选择 R&D 人员数量（x_1）和科学技术支出总额（x_2）；$Y = [y_1^g, \cdots, y_n^g] \in R^{s_1 \times n}$ 为期望产出要素，此处选择地级市绿色专利的数量（y_1^g）以及三废综合利用产品产值（y_1^g）；$Y = [y_1^b, \cdots, y_n^b] \in R^{s_2 \times n}$ 为期望产出要素，此处基于国家碳达峰碳中和的战略目标，选择地级市二氧化碳的排放量为非期望产出（y_1^b）；s^-、s^g 和 s^b 分别为产出要素、期望产出和非期望产出的松弛变量；λ 为各单位的组合系数，组合系数加总为 1 表明假设规模报酬可变。

(一) 绿色创新效率空间特征模型选择

绿色创新效率在空间上并非独立，而是呈现出相互关联的特征，即经济学中广泛存在的空间依赖性。基于此，本章首先选用全局空间相关指数 Moran' I 对绿色创新效率的空间关联性进行检验。其计算公式如下所示：

$$Moran' I = \frac{\left[\sum_{i=1}^{n}\sum_{j=1}^{n} w_{ij}(Y_i - \bar{Y})(Y_j - \bar{Y})\right]}{\left[S^2 \sum_{i=1}^{n}\sum_{j=1}^{n} w_{ij}\right]} \tag{6.7}$$

其中，n 为研究对象的总数，$\bar{Y}$ 为样本均值，S^2 为样本方差，$Y_i(Y_j)$ 为第 $i(j)$ 个变量观测值，w_{ij} 为相关空间权重矩阵 W 中第 i 行第 j 列元素。空间权重矩阵在测量研究对象的空间依赖性方面具有关键作用，因此选择适当的参数矩阵以刻画空间效应显得至关重要。本章构建了三种空间矩阵，即邻接矩阵、地理距离矩阵和经济地理距离矩阵，用以揭示绿色创新效率的空间 β 收敛特征。此外，根据应用前提条件的差异，β 收敛分为绝对 β 收敛和条件 β 收敛。其中，绝对 β 收敛指随着时间的推移，在不考虑地区间经济发展水平、外商直接投资、金融发展程度等多种因素影响下，各地区的绿色创新效率逐渐趋同至相同水平；而条件 β 收敛则在排除上述因素后，仍呈现区域间的趋同特征。为此，本章通过一系列空间计量检验，选取最优的空间计量模型，包括空间杜宾模型 (SDM)、空间误差模型 (SEM) 和空间滞后模型 (SAR)。鉴于三种空间模型可通过参数设定相互转化，且空间杜宾模型是最通用的形式，以下仅列示在空间杜宾模型下的绝对 β 收敛和条件 β 收敛模型设定。具体如下：

$$\ln\left(\frac{GEFF_{i,t}}{GEFF_{i,t-1}}\right) = \rho \sum_{j=1}^{n} w_{ij} \ln\left(\frac{GEFF_{j,t}}{GEFF_{j,t-1}}\right) + \beta \ln(GEFF_{i,t-1})$$
$$+ \theta_1 \sum_{j=1}^{n} w_{ij} \ln(GEFF_{j,t-1}) + \mu_i + \eta_t + \varepsilon_{it} \tag{6.8}$$

$$\ln\left(\frac{GEFF_{i,t}}{GEFF_{i,t-1}}\right) = \rho \sum_{j=1}^{n} w_{ij} \ln\left(\frac{GEFF_{j,t}}{GEFF_{j,t-1}}\right) + \beta \ln(GEFF_{i,t-1}) + \gamma \ln(X_{it})$$

$$+ \theta_1 \sum_{j=1}^{n} w_{ij} \ln(GEFF_{j,t-1}) + \theta_2 \sum_{j=1}^{n} w_{ij} \ln(X_{j,t})$$

$$+ \mu_i + \eta_t + \varepsilon_{it} \quad (6.9)$$

式（6.8）和式（6.9）中，$GEFF_{i,t}$表示绿色创新效率水平，ρ表示其他地区绿色创新效率速度对本地区观测值的影响，β是收敛系数，θ_1和θ_2是空间交互项系数，γ是其他解释变量系数，w_{ij}为矩阵W中第i行第j列元素，μ_i和η_t分别代表个体固定效应和时间固定效应，ε_{it}是残差扰动项。在构建式（6.9）的条件β收敛模型时，本章考虑了如下控制变量：经济发展水平、外商直接投资（FDI）、人力资本存量（HUM）和金融发展程度（FDL）。为避免极端值影响，本章在1%的水平上对数据进行双边缩尾处理。构造上述被解释变量和控制变量所涉及的衡量指标及其描述性统计见表6-8。

表6-8　　　　　　　　　　变量的描述性统计

变量名称	衡量指标	单位	样本量	均值	标准差	最小值	中位数	最大值
GEFF	绿色创新效率	—	3 892	0.7819	0.166	0.1574	0.8015	1.4103
PGDP	地区GDP/人口数	万元/人	3 892	4.9863	4.9406	0.3962	3.9543	151.8807
FDI	外商直接投资/地区GDP	—	3 892	0.0174	0.0179	0.000002	0.0117	0.2101
HUM	高校在校生数/人口数	—	3 892	0.0170	0.0205	0.00003	0.0099	0.1311
FDL	存贷款余额/地区GDP	—	3 892	2.6695	1.9086	0.5600	2.1324	37.5262

（二）绿色创新效率空间关联性与收敛性分析

1. 绿色创新效率的空间关联性分析

本章构建地理距离矩阵和经济地理距离矩阵两种空间权重矩阵，对278个地级及以上城市的空间关联关系进行计量检验和综合分析。在进行实证分析之前，须采用全局Moran'I对被解释变量即我国绿色创新效率进行空间自相关检验，结果如表6-9所示。从表6-9可以看出，三种空间权重矩阵下，我国绿色创新效率水平均在1%的水平上为正值，表明我国绿色创新效率在空间分布上存在显著的正向空间关联性，并且各地区绿色创新效率因受到具有相似空间特征的区域影响，在空间上呈现集聚现象且存在周期性波动。

表6-9　　　　　　绿色创新效率的空间自相关检验

年份	地理距离矩阵		经济地理距离矩阵	
	GEFF	P值	*GEFF*	P值
	（1）	（2）	（3）	（4）
2008	0.028	0.000	0.026	0.000
2009	0.036	0.000	0.034	0.000
2010	0.035	0.000	0.031	0.000
2011	0.039	0.000	0.036	0.000
2012	0.058	0.000	0.065	0.000
2013	0.049	0.000	0.052	0.000
2014	0.053	0.000	0.063	0.000
2015	0.049	0.000	0.048	0.000
2016	0.046	0.000	0.043	0.000
2017	0.060	0.000	0.057	0.000
2018	0.051	0.000	0.050	0.000
2019	0.063	0.000	0.063	0.000
2020	0.073	0.000	0.066	0.000
2021	0.073	0.000	0.076	0.000

2. 绿色创新效率的空间收敛性分析

从表6-10可以看出，无论是使用邻接矩阵、地理距离矩阵还是使用经济地理距离矩阵进行 *LM* 检验、*Robust LM* 检验以及 *LR* 检验识别，均支持采用空间杜宾模型（*SDM*）。本章进一步进行豪斯曼检验和联合显著性检验，结果表明应采用双固定效应。故本章分别采用邻接距离、地理距离和经济地理距离三种空间权重矩阵带有双固定效应的空间杜宾模型（*SDM*）展开分析。

表 6-10　　　　　　　　最优空间计量模型的选择

检验	地理矩阵 (1)	经济地理矩阵 (3)
LMspatiallag	0.540*** (0.463)	0.380 (0.538)
RobustLMspatiallag	93.307*** (0.000)	74.300*** (0.000)
LMspatialerror	10.531*** (0.001)	6.681* (0.010)
RobustLMspatialerror	103.298*** (0.000)	80.601*** (0.000)
LRspatiallag	30.15*** (0.000)	19.86*** (0.001)
LRspatialerror	24.13*** (0.000)	18.93*** (0.002)

注：括号内数值为 P 值；***、*分别表示在1%、10%的水平上显著。

表 6-11 为利用空间杜宾模型对创新示范区与非创新示范区的绿色创新效率进行的条件 β 收敛测度，可以发现东部、中部和西部地区的创新示范区与非创新示范区在绿色创新效率方面呈现出显著的时空收敛性。具体而言，我们观察到西部地区的绿色创新效率收敛速度明显快于中部地区，中部地区的收敛速度又显著快于东部地区。在各个地区内部呈现为创新示范区收敛速度快于非创新示范区。综合考虑各个示范区的作用、创新政策和地区特点，可以更深入地解释中国东部、中部和西部地区在绿色创新效率收敛性方面呈现的特征。

表 6-11　　　创新示范区与非创新示范区绿色创新效率条件 β 收敛

变量	东部地区		中部地区		西部地区	
	创新示范区	非创新示范区	创新示范区	非创新示范区	创新示范区	非创新示范区
	(1)	(2)	(3)	(4)	(5)	(6)
β	-0.4128*** (0.0811)	-0.3478*** (0.0691)	-0.5158*** (0.1462)	-0.4147*** (0.0493)	-0.7095*** (0.2280)	-0.5530*** (0.0684)

续表

变量	东部地区		中部地区		西部地区	
	创新示范区	非创新示范区	创新示范区	非创新示范区	创新示范区	非创新示范区
	(1)	(2)	(3)	(4)	(5)	(6)
$\ln(PGDP)$	-0.2210* (0.1133)	-0.0177 (0.0280)	-0.0079 (0.0748)	-0.0318** (0.0146)	0.0310 (0.1668)	-0.0404** (0.0172)
$\ln(FDI)$	-0.0021 (0.0228)	-0.0038 (0.0036)	-0.0248 (0.0268)	-0.0024 (0.0021)	0.0302 (0.0298)	-0.0003 (0.0014)
$\ln(HUM)$	-0.0469 (0.0363)	-0.0127 (0.0092)	-0.0337* (0.0186)	-0.0090 (0.0081)	0.0140 (0.1008)	-0.0083* (0.0049)
$\ln(FDL)$	-0.0483 (0.0523)	-0.0031 (0.0127)	0.0015 (0.0289)	-0.0078 (0.0081)	0.0526 (0.1348)	-0.0128 (0.0100)
θ_1	-0.2360 (0.2683)	0.1715 (0.2043)	-0.7181*** (0.2347)	0.6363*** (0.1421)	-1.3858 (1.1176)	0.1928 (0.2299)
ρ	-0.2404*** (0.0819)	-0.0569 (0.1159)	-0.6717*** (0.1917)	-0.0083 (0.1174)	-1.1962*** (0.0829)	-0.4052*** (0.1393)
CityFe	Yes	Yes	Yes	Yes	Yes	Yes
TimeFe	Yes	Yes	Yes	Yes	Yes	Yes
Log-L	130.2965	1 400.0000	229.5514	1 600.0000	37.6657	1 600.0000
N	390	910	221	1 000	78	988
R^2	0.0245	0.0070	0.0578	0.0436	0.0692	0.0471

注：括号内数值为稳健标准误；***、**和*分别表示在1%、5%和10%的水平上显著。

首先，示范区在推动创新和技术转化方面扮演了重要角色。东部地区拥有中关村、上海张江等高科技示范区，这些区域汇集了大量的创新资源和人才，其创新政策和研发投入可能对绿色创新效率的提升产生积极影响。中部地区的合芜蚌、鄱阳湖等示范区则在产业升级和创新驱动方面发挥着作用，其创新政策可能对周边地区的技术创新产生溢出效应，促进整体创新环境的改善。西部地区的重庆、成都等示范区在推动高新技术产业发展方面具备优势，可能通过技术扩散和产业集聚，影响周边地区的绿色创新效率。

其次，地区特点和产业结构也会对收敛性产生影响。东部地区相对较为发达，拥有较多的创新资源和先进产业，其创新效率可能相对较高，导致收敛速度较慢。而中部地区和西部地区相对落后，通过示范区的政策扶持和创新引导，可能加速了其绿色创新效率的提升，从而呈现更快的收敛速度。

最后，创新政策的差异也是影响收敛性的因素之一。各地示范区的创新政策可能有所不同，包括技术支持、资金扶持、人才引进等方面的措施。这些政策的差异可能影响了创新资源的流动和利用效率，从而影响了地区的绿色创新效率收敛性。这些政策支持可能吸引了更多的创新投入和研发活动，从而提高了绿色创新效率。例如，中关村国家自创区获得了北京市政府的大力支持，这可能促进了该地区企业的绿色创新活动，进而影响了整个地区的绿色创新效率。

综上所述，中国东部、中部和西部地区在绿色创新效率收敛性方面的差异可能是多个因素共同作用的结果。通过综合考虑各个示范区的作用、创新政策和地区特点，我们可以更加深入地理解这种现象背后的经济学机制和驱动因素。这对于制定更精准的创新政策、推动地区创新环境的改善，以及促进绿色可持续发展具有重要的理论和政策意义。

八、研究结论与展望

（一）研究结论

本章聚焦于国家自主创新示范区，探究其对城市创新效率和创新能力的影响。以苏南国家自创区为例，可以发现南京、苏州、无锡、常州和镇江这5个试点城市的创新效率在政策实施前就高于非试点城市，但其增长趋势与非试点城市一致，因此采用双重差分法验证了苏南国家自创区提高试点城市创新效率的效应。对于创新能力，试点城市与非试点城市在政策发生前走势不同，不适用双重差分模型，但适用合成控制模型（SCM），拟合效果良好。验证发现，苏南国家自创区提升了试点城市创新能力，其中苏州市受政策影响增长最大，但南京市仍保持领先，置换检验支持结论稳健。进一步，探究我国绿色创新效率的时空分布及收敛特征。在集聚性方面，绿色创新效率呈正向空间自相关；在收敛性方面，西部地区绿色创新效率收敛速度大于中部地区，中部地区又显著大于东部地区，且地区内创新示范区收敛速度大于非示范区，可能受技术扩散、产业集聚和地区特点影响。

（二）研究展望

本章验证了苏南国家自创区的设立对区域发展的创新效率和创新能力效应，说明国家自创区政策不仅对于企业本身创新层面的选择有推动作用，而且有利于区域整体的创新提升，对于以创新提升城市活力和实现城市产业的转型升级具有重要的意义。进一步研究发现，这一现象在绿色创新领域仍然是非常显著的，在全国范围内来看，创新示范区的表现要明显优于非创新示范区。此外，苏南国家自创区的具体实践和实证研究的结果表明，该政策对于区域内的各地级市都有推动作用，但明显对于南京和苏州这两大主体城市的推动效应更大，对于以南京和苏州为代表的主体城市，以及以镇江、无锡、常州为代表的非主体城市在推动效果的增量和增速上都存在着显著的差异。未来可以从以下几个角度继续对研究成果进行深化。

例如，可以扩大研究的范围，将苏南国家自创区的研究成果与全国其他自创区进行对比。依托自然实验，采用多时点或合成控制的方法，对全国22个自创区在政策实施前后的创新效率和创新能力进行对比，进一步剖析自创区对于区域创新的推动效应是否具有普遍性以及不同自创区的推动效应有何差异，从而更加精细和精准地分析苏南国家自创区在全国范围内的创新推动能力的相对位置及其动态演变趋势，为苏南国家自创区和苏南整体的创新能力发展提供更具针对性的建议。

此外，囿于数据可得性，本章暂时未对苏南五市之间的具体协同发展展开深入的分析。直观数据表明，苏南五市之间的协同发展仍然是苏南国家自创区发展的薄弱环节。未来结合江苏省的具体数据，可以对苏南五市在企业跨区经营、产业发展转型、人才流动迁移等具体协作领域的发展现状和演变趋势进行更加深入的分析，剖析苏南国家自创区对主体城市创新推动能力更强，而对相对弱势城市产生虹吸效应的深层原因及其作用机制，并探讨在新冠疫情这一外部冲击作用前后，苏南国家自创区内各地级市的创新效率和创新能力变化趋势是否有所不同。

第七章
CHAPTER 7

国内外高新技术产业科技政策经验

本章梳理了国内外产业政策在促进高新技术产业发展中的典型案例，并总结了产业科技政策对高新技术产业影响的相关经验或相关教训，可以为江苏省高新技术产业未来发展提供有益启示。

一、行业发展案例——印度信息技术产业政策

（一）基本情况

印度凭借着丰富的人才资源和独特的市场优势，成为全球信息技术（IT）产业的重要中心。根据印度国家软件与服务业企业协会（NASSCOM）发布的《2023年战略评估》，印度科技行业的收入预计在2023财年将达到2 450亿美元，同比增长率为8.4%。印度科技行业36%的劳动力拥有数字技能。根据印度国家储备银行（RBI）的数据，2021~2022年，印度的软件相关服务业首次获得1 500亿美元的收入。据印度储备银行的报告，2012~2021年短短十年间，软件出口行业占GDP的比重提高了两个百分点。随着印度信息技术产业的迅猛发展，其产业政策也积累了一些经验和教训。

（二）相关经验

1. 灵活宽松的政策

据印度软件和服务业出口促进委员会（ESC）的数据，2000～2021年，印度IT/ITeS行业出口增长了150倍，从最初的16亿美元增长到2021年的2 100亿美元。这得益于印度政府多年来对IT产业灵活宽松的政策，包括免除软件出口所得税、取消设备进口的许可证制度等。

2. 建立专门针对IT产业的国家风险基金

根据印度证券和交易委员会（SEBI）的数据，截至2022年3月31日，印度的国家风险基金（NBF）已投资了136个IT公司，投资金额达到760亿卢比，为IT企业提供了实质性的资金支持。

3. 重视信息技术教育

根据全球教育评估机构（PISA）的报告，印度在计算机科学方面的表现已经从2015年的全球第57位上升到2021年的第39位。这得益于印度政府对信息技术教育的重视，其具体举措包括设立国家技能发展基金（NSDC），以提供IT教育和培训。

4. 企业与政府良好的合作

例如，塔塔咨询服务公司（TCS）是印度最大的私营IT公司，与政府进行了良好的合作，承接了许多大型IT项目，如智慧城市、电子政务等。鼓励地方政府支持。以卡纳塔克邦为例，该邦拥有印度最密集的IT产业集群，如班加罗尔，政府在该地区设立了多个科技园和IT/ITeS集群，为园区内的企业提供了一系列的优惠政策，如电费补贴、租金补贴、税收优惠等。

5. 积极培育代表性企业和国际市场

从软件开发到数据分析，从人工智能到云计算，印度培育的IT巨头们在全球范围内崭露头角，如著名的科技公司Infosys、Wipro和Tata Consultancy Services等。印度还凭借其人力资本低廉的优势逐步开拓了全球市场，特别是在信息技术外包领域，被誉为"世界办公室"。印度在IT服务、业务流程外包和软件开发等领域具有世界领先水平。这些巨头的崛起，不仅为印度创造了大量的就业机会，还给印度带来了巨大的经济财富。

（三）相关教训

1. 过度干预

尽管印度政府在IT产业发展初期提供了有力的支持，但在后期逐渐出现了过度干预的问题，如对外资的限制和保护主义政策，导致印度IT产业在国际竞争中缺乏竞争力，限制了其进一步发展。

2. 知识产权保护不足

尽管印度IT产业以成本优势和规模效应著称，但整体上仍存在技术创新能力不足的问题。大部分印度IT公司的业务仍集中在低端的系统集成和外包开发上，缺乏高端的技术创新和自主研发能力。据世界知识产权组织（WIPO）的数据，印度的专利申请量虽然逐年上升，但相对于其经济和人口规模，其创新成果在知识产权方面的保护仍有待提高。这在一定程度上限制了企业的技术创新和发展。

3. 人力资本发展短板

尽管印度政府在信息技术教育方面投入了大量资源，但在留住人才方面仍然存在一些问题。根据经济合作与发展组织（OECD）的数据，印度受过高等教育的人中有56%选择在国外工作或求学，这导致印度信息产业的人才流失严重。此外，人工智能的发展也对印度中低端信息外包产业的发展造成了冲击，TCS、Infosys、Wipro和HCLTech等科技巨头在2023财年第三季度的员工净增加量比上一季度下降了93%。

（四）启示

印度在信息技术产业发展中实施的高新技术产业政策有其成功之处，

但也存在一些教训。政府在制定和实施相关政策时，应充分考虑市场的需求和企业的实际情况，避免过度干预和保护主义。同时，还需要加大对创新基础设施的投入，如对金融和风险投资环境的建设、针对性人才的教育培训和知识产权保护的力度，注重对于企业创新质量的考察，提高本土企业的自主技术创新能力和核心竞争力，有梯队地建设并采取有效措施吸引和留住优秀人才，以促进信息技术产业的持续发展。

二、城市发展案例——深圳高新技术产业金融支撑

（一）基本情况

深圳是我国重要的创新中心，改革开放以来，深圳一直以建设强大的科技基础能力、科技创新策源能力、科技成果转化能力、产业技术创新能力和自主创新能力，加快实现高水平科技自立自强为目标。除常规性政策外，深圳积极推动政府基金和风险投资来促进高新技术产业发展。

华东师范大学全球创新与发展研究院发布的《全球科技创新中心发展指数2022》显示，深圳在全球科创中心中综合排名第12位，其中深圳的技术创新全球策源力排名全球第5位、中国第1位。深圳R&D经费投入强度（R&D经费占GDP的比重）为5.49%，稳居全国第2位。深圳PCT国际申请量连续18年居全国大中城市首位。2022年，深圳市独角兽企业的数量仅次于北京，居全国第2位。

（二）相关经验

1. 深化政府引导基金的作用

"深创投"全称深圳市创新投资集团有限公司，是深圳市政府为了建立风险投资体系，于1999年设立的一家国有风险投资机构，旨在推动创新资本形成，打造全国领先的风险投资、私募股权投资机构。截至2021年，在深创投1 185家已投资企业、超过200家IPO公司中，来自深圳的

被投企业上市公司数量为49家，占比为24.5%，为深圳的地区创新网络发挥了显著推动作用。2023年7月12日，深创投龙岗创新私募股权投资基金合伙协议签约仪式在龙岗区政府顺利举行，标志着这只以"市、区国企+股份合作公司"模式联合筹设的创投基金落地运作迈出实质性一步。

深创投在发展过程中优化了以下问题：一是设置了"主动跟投制度"，高管和投资经理团队要强制跟投，员工可以选择性地主动跟投，一定程度上解决了国有资产和经理人之间存在的双重代理问题；二是回购股权整体转让性质的股权转让，可以免评估免挂牌，减少了由此带来的评估周期长和不确定性大的问题；三是股权转让环节采用估值报告替代资产评估报告的试点工作，形成了与民营企业同样的退出机制；四是注意基金的监管和清理，2019年，深圳市引导基金投资有限公司、深创投发布了《关于公示深圳市政府投资引导基金清理子基金及缩减规模子基金名单的通知》，公布了25只清理子基金以及12只缩减规模子基金，为基金整体运行的提质增效提供了保障。

除"深创投"外，深圳市还针对高新技术产业专门定制了"高新投"。深圳高新投集团有限公司（以下简称"深圳高新投"）成立于1994年12月，是深圳市委、市政府为解决中小科技企业融资难问题而设立的国有专业金融服务机构，现已发展成为具备资本市场主体信用AAA最高评级的全国性创新型金融服务集团。深圳高新投业务涵盖融资担保、创业投资、金融增信、保证担保、资产管理等（见图7-1）。截至2021年，深圳高新投累计为超4万多家企业提供了担保服务，凭借政府、企业联合持股的合理股权结构和精准的业务范围为中小型科技企业的发展提供了全方位的坚实保障。

此外，深圳市每年从债券发行总额中拨出20%的额度给符合发行条件的高新技术企业；深圳市政府还支持组建了多个私募股权投资基金和风险投资基金，如深圳市创新投资母基金、深圳市高特佳创业投资有限公司等，这些基金主要投资于处于早期和成长期的高新技术企业。

第七章 国内外高新技术产业科技政策经验

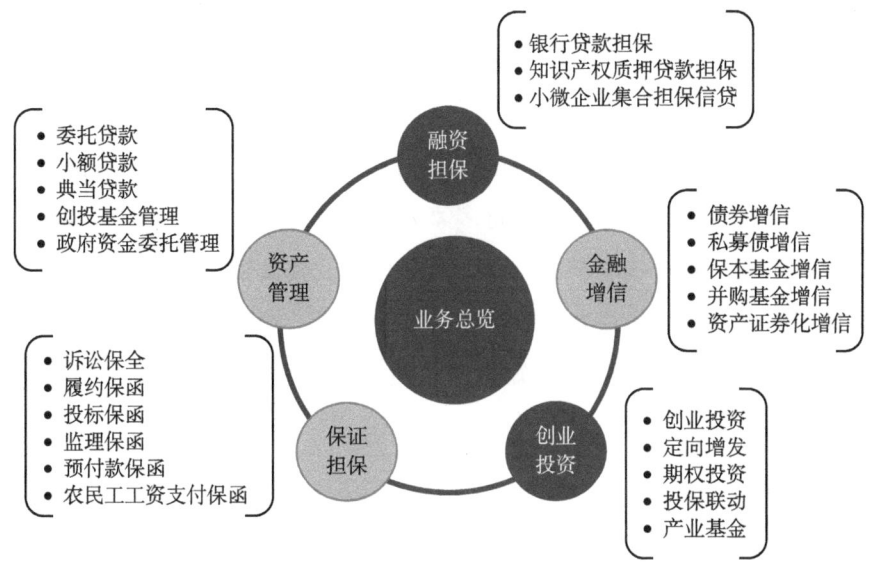

图 7-1 深圳高新投集团业务范围
资料来源：作者根据公开资料整理。

2. 优化针对高新技术的金融创新

为支持科技型中小微企业发展，深圳市政府设立了科技型中小微企业贷款风险补偿资金池，通过与银行合作，为科技企业提供贷款担保支持。深圳市政府还与国家开发银行深圳分行合作，设立了国家开发银行深圳市分行科技创新服务有限公司，旨在为高新技术企业和科技企业提供投融资支持。此外，深圳还推出了一系列政策，鼓励社会资本进入高新技术领域。例如，为支持天使投资人、风险投资人等开展股权投资，深圳市人民政府于2010年8月出台了《关于促进股权投资基金业发展的若干规定》，同时还鼓励商业银行开展科技金融服务创新。

深圳市还积极尝试金融产品的创新，从多个方面助力高新技术企业发展。一是设立政策性融资担保基金。深圳市融资担保基金有限责任公司成立于2020年4月，作为政府性融资再担保机构，主营中小微企业融资再担保业务，即对合作机构向中小微企业贷款和债券融资开展的担保、保证保险业务予以再担保，致力于从增信、分险、降费、扩面四方面积极发挥政策性功能作用。二是推动知识产权质押贷款专项支持落地。例如，2019 年，深圳高新投在深交所注册了储架规模为 100 亿元的"深圳大型民企暨中小微企业供应链金融 1—24 期资产支持专项计划"（见图 7-2）。中小微企业可以将持有的央企、国企或大型民企的应收账款转让给该专项计划，将多家上游供应商对核心企业的应收账款作为基础资产发行 ABS 产品。2022 年 10 月，微众银行与深圳市中小企业融资担保有限公司成功开展合作，首次实现了知识产权质押融资业务落地，为科创企业提供贯穿知识产权质押融资服务始终的数字化综合服务。

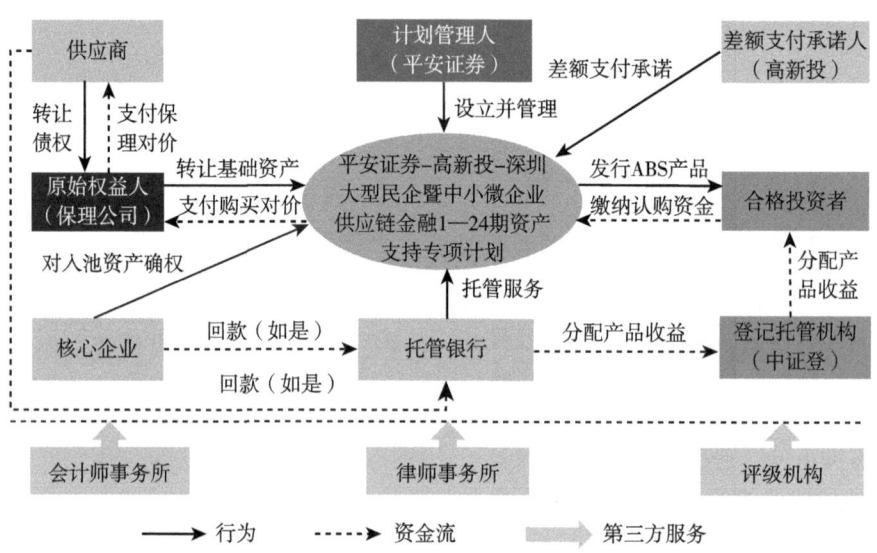

图 7-2　深圳大型民企暨中小微企业供应链金融 1—24 期资产支持专项计划示意
资料来源：作者根据公开资料整理。

（三）启示

这些政策的出台和实施，为深圳高新技术企业的发展提供了强大的支持和保障，促进了科技创新和产业升级，进一步推动了深圳经济的高质量发展。

虽然苏州市、南京市和深圳市都是我国重要的高新技术产业基地，但是在高新技术产业政策实施方面，苏宁两地与深圳市相比还存在一定差距，特别是在金融支持的建设方面。深圳市在高新技术产业政策实施方面显得更加积极和全面。从资金支持、税收优惠到产业引导、人才引进，深圳市政府制定了一系列针对高新技术产业的专项政策，通过完善的金融体制和金融产品的构建，为高新技术企业提供了全方位的支持。相比之下，江苏省的政策体系可能更加侧重于某一方面的支持，如鼓励企业"进规上"、建设先进技术研究院等，而缺少一些像深圳市那样全面系统的政策，对于本地特色产业支持力度的针对性以及金融产品的创新性和应用化场景多样性也有待加强。

三、区域发展案例——珠三角国家自主创新示范区高新技术产业统筹方式

（一）基本情况

根据2023年工信部下属研究机构赛迪顾问城市经济研究中心发布的《2023年赛迪创新百强区研究报告》，珠三角地区有18个城区入选全国创新百强区榜单，其中深圳南山区、深圳宝安区和广州天河区位居榜单前三名，深圳南山区已连续6年位居榜首。珠三角区域一体化的发展策略和具体实施方案，不仅在政策层面得到体现，也在实际操作层面得到落实，并对区域的高新技术产业发展产生了极强的推动作用。

（二）相关经验

1. 基础设施的完善

为了促进珠三角地区城市间的互联互通，广东大力投资建设交通基础设施。广佛肇、深莞惠、珠中江三个经济圈分别出台了交通运输专项规划，加强了城市间的交通联系。广州与佛山、东莞与深圳之间的城际

铁路和高速公路等交通基础设施得到了大力发展。在广佛肇经济圈，广州地铁已经规划了多条连接广州和佛山的地铁线路，广州地铁7号线西延顺德段、广州地铁10号线汾水站、广州地铁28号线西延至佛山、广州地铁19号线西延顺德段等线路正在建设或规划中，这些线路将大大提高广州和佛山之间的交通便利性和日常通勤能力。珠三角地区城市间通过大力投资建设交通基础设施，加强了彼此之间的互联互通，有利于促进城市间的人才、资本、技术等要素的流动和优化配置，为高新技术产业的发展提供了良好的环境和条件。

2. 产业协作的不断深化

珠三角地区各城市根据自身的产业优势和发展战略，积极推动产业协作。深圳作为科技创新中心，积极向东莞、惠州等周边城市转移产业，推动这些城市的发展。同时，东莞、惠州等城市也利用自身的土地和劳动力优势，积极承接深圳的产业转移，形成了紧密的产业协作关系。以深圳和东莞为例，这两个城市之间的产业协作关系非常明显。《粤港澳大湾区协同创新发展报告（2022）》数据显示，深圳与东莞的跨城市专利合作率达到3.17‰，合作领域主要集中在照明装置、电能装置、电热装置等方面。这表明，深莞"深度融合、一体联动"已成为新的发展趋势，积极对接深圳，进一步激发东莞高质量发展的新动能成为东莞的新命题。此外，珠三角还注重各地产业的特色定位与高新技术产业相结合，在加强产业结构的同时，注重发展各区域的特色形成独特的竞争力以及和香港、澳门的有机统筹，积极融入大湾区建设，从而达到区域产业基础雄厚、产业链条完整的共赢模式。

3. 创新要素共享的不断推进

在《珠江三角洲地区改革发展规划纲要（2008-2020年）》（以下简称《规划纲要》）的引领下，珠三角地区各城市在公共服务领域也加强了合作。在平台协作领域，珠三角地区鼓励共建创新平台，推动高新技术产业的协同创新。这些平台包括但不限于科技园区、孵化器、加速器等，使得企业可以在更广阔的区域内寻找合作伙伴，拓展市场，提高创新能力。珠三角地区各城市的科研机构和高校通过共享科研设施、实验室、技术成果等资源，使得整个区域的科研实力得到了大幅提升。例如，广州和深圳的高校和科研机构合作成立了"广深科技创新走廊"，推动两地在科技创新领域的深度合作。在技术转移和人才流动领域，《规划纲要》推动各城市之间建立了技术转移网络和人才流动机制，使得技术成果和人才可以更加自由地流动。

4. 联防联治和公共服务联通

珠三角地区建立了大气污染防治联防联控机制，通过联合制订污染防治方案、共享环境监测数据等措施，使整个区域的空气质量得到了显著改善，这一做法也为其他领域的公共服务共享提供了借鉴。广州与佛山、东莞与深圳等城市之间率先实现了医保、社保等公共服务的互认互通，方便了人员流动和城市间协作。到2023年，广东已实现跨省异地就医医保直接结算的县域全覆盖，住院、普通门诊、门诊慢特病均支持跨省异地就医医保直接结算信息共享机制，为以高新技术企业员工为代表的跨城市工作人员提供了便利，也为企业的人力资源管理提供了更好的支持。这些举措缩短了人们在不同城市之间跨越的心理距离，提升了区域整体命运共同体的信念。

（三）启示

珠三角国家自创区和苏南国家自创区在发展历程中有一些相似性：二者的成立时间相当，也都是由两个主体城市（广州和深圳、苏州和南京）驱动的示范区域。从目前的发展形势来说，珠三角国家自创区的优势更加突出。

苏南国家自创区要获得进一步的发展，就需要在内部明确分工与定位，形成更加紧密的产业协作和公共服务以及治理的一体化，进一步克服主体城市和非主体城市之间的产业趋同性以及大城市对于小城市的核心效应，发挥非主体城市对于主体城市的产业承接能力和相对独特的优势。同时，这一点对于苏北、苏中、苏南地区的高新技术发展差异和江苏省如何做好外联内通也有一定的参考意义。在推动整体服务和区域认同畅通化、一体化的同时，找准各自定位和协作模式，是建立健全区域高新技术产业发展链条的必由之路。

第八章
CHAPTER 8

提高江苏省高新技术产业科技政策实施效能的建议

一、高新技术产业政策设计策略

(一) 提升政策的韧度

在高新技术企业优惠认定、财务报表核准等方面加强事前、事中和事后监督,形成良好的申报诚信制度;形成企业在相关认定过程中不敢瞒、不能瞒、不想瞒的良好生态,促进政府、企业、公众之间的信息透明化。具体而言,可以采取以下措施。

1. 完善监督体系和制度建设

在高新技术企业优惠认定和财务报表核准等方面,应建立完善的事前、事中和事后立体化全面监督体系,事前审查可以确保企业符合政策要求,事中监督可以防止企业在认定过程中出现造假或隐瞒情况,事后评估则可以对企业的经营状况进行评估,确保政策的公正性和透明度。例如,可以全程引入第三方机构进行审查和监督,确保企业在相关认定过程中杜绝隐瞒真实情况或造假;可以通过大数据进一步监察企业的表外数据,包括企业的财务报表、纳税申报、社保缴纳等情况,进一步识别企业的骗补和寻租行为等。以上相关内容还应在制度建设的初期向所有企业和全社会予以公示，并畅通社会对于相关认定和优惠政策进行监督和举报的渠道，提高公众对政策的认知度和理解度，形成全社会共同监督和参与的良好氛围。通过公开渠道，如官方网站、社交媒体等，及时公布相关认定和优惠政策的具体实施情况，以及对于违规企业的处理结果。同时，鼓励全社会积极参与监督，发现问题及时举报，形成有效的社会监督机制。

2. 优化审核的制度设计

在创新补贴和税收优惠的认定和审核方面，实行单盲或双盲制度可以保证认定和审核的公正性和独立性。例如，在双盲制度下，审核人员不知道申请企业的具体信息，只有通过材料审核和实地考察等方式进行核实，确保认定的准确性和公正性。此外，可以加强对于企业特别是处于认定临界值附近的企业的调查和抽检。对于这些企业，应该加强对其经营状况、财务情况和申报信息的调查和核实，确保其符合相关认定标准。可以引入第三方机构，如会计师事务所、技术评估机构或科研机构等，进行实地考察和评估，或者增加政府和专家明察暗访的抽检力度等。

3. 强化激励相容的诚信机制

对于存在认定造假和财务造假行为的企业，应该及时予以公示并严肃处理。例如，可以撤销其相关资格并追缴已发放的优惠、取消其在未来一段时间内再次参评的资格，并将其及时摘牌、予以罚金列入相关信贷政策黑名单并对企业主要负责人和经办人追责或降低个人信用。这些措施可以有效地打击企业的不诚信行为，维护公平竞争的市场环境。在政策中突出个人责任制，对于在高新技术企业认定和政策优惠发放等方面失职或渎职的人员，一并予以连带处理，严重的应追究法律责任。对于在财务和认定领域持续表现出色的企业给予税收优惠、贷款贴息、行政事业性收费减免、高信用评级等扶持措施，并倡导其积极履行社会责任，参与公益事业和环保活动等，提高其社会知名度和美誉度。

（二）优化政策的敏度

1. 发挥高新技术政策引领作用，提质科创过程价值创造

倡导精准滴灌。改变目前对高新技术企业认定补贴并以定额补贴为主的模式，采用区间式或比例式的模式来取代所有企业统一补贴额度的方式，避免"一刀切"的补贴方式对企业创新积极性产生负面影响。例如，在项目实施过程中可以规定高新技术企业的补贴额为其税收额或研发费用的固定比例，并设定企业可享受优惠的最高限额，避免过高的创新补贴导致资源浪费或逆向激励；在考核过程中提升项目创新质量所占的比重，注重企业的探索式创新和实质性创新；此外，高新技术企业相关补贴奖励并不一定需要以现金方式发放，可以考虑纳入研发相关的补贴和信贷政策。

强化政策引导。发挥政策的组合和引导作用，根据创新补贴对于国有企业和大型企业效果更好的基本实际情况统筹进行补贴设计。对于国有企业和大型企业以创新补贴为主；而对于其他类型的企业，如小企业和非国有企业，则在相关的优惠政策当中主要侧重税收优惠，避免与政策之间的替代效应造成资源闲置与浪费。在补贴发放上可以规定一些附加条件，如企业的创新行为或成果的数量和质量应达到某种超额值以上，规定最低企业补贴用于研发相关行为或资本化研发支出的最低比例、规定企业在所在区域的最低入驻年份等，也可以将这些要素具体细化为项目考评的细则，对年度和最终结果考核优秀的企业给予后期资助，鼓励企业更加注重技术创新导向和创新质量。

2. 注重高新技术政策选育功能，针对异质性企业精准施策

深化全程关怀，促进科创新动能培育。突出补贴的阶梯式或渐进性。例如，可以不仅奖励某个领域的冠军，同时也奖励获得前几名的企业；可以在企业获得认定的不同阶段给予奖励，在首次或再次获得认定时以及获得认定的存续期间等均给予一定的创新奖励，将原来主要是一次性的补贴方式变为补贴的"少量多次"投放,提升补贴的边际效应;对于获得认定和再次获得认证期间存在时间间隔的企业,也可以给予一定的奖励,但可以按间隔时间的长短比例递减金额,避免奖励的过度集中;进一步加大入库和申报奖励的辐射范围,鼓励更多的企业参与申报和入库工作。

聚焦标杆企业,发挥科创乘数效应。综合创新补贴对费用型研发支出的敏感度更高,以及税收优惠和研发费用扣除相对于传统创新补贴的效果更好的现实,政府可以在创新补贴中继续加大对费用型研发支出和研发费用扣除的支持力度以及对引进创新性强的龙头企业和独角兽企业、瞪羚企业、"小巨人"企业等的支持力度,同时积极促进科创密集型企业之间的合作与联合攻关。这不仅可以提高企业的研发效率,也有助于推动技术进步和产业升级。例如,对企业的前期研发投入给予更高比例的补贴以及税收减免和返还,或者提供低息或无息研发贷款以及企业信用额度和创新积分的支持,再或者是对企业给予研发资金的配套或发放政府提供的科技创新抵扣券,或是对于企业的科研经费给予1:1配套等。进一步地,可以给予企业在政府提供的优惠决策包中自主选择的机会,增加企业的自主裁量权,提升企业的积极性,从而鼓励企业加大研发投入、推动技术创新,从而更好地发挥企业的辐射带动作用。

3. 挖掘高新技术政策的创新潜力,尝试逐步推广项目制改革试点

设立合理的补贴阈值和审核机制,确保补贴真正流向那些有较强研发潜力但缺乏资金支持的企业。探索使用评分体系对于不同类型不同特点的企业进行评估和打分,省级部门可以给出进行评估的主要要素,形成一个整体上较为统一的系统,打破目前政策实施整体上比较零散化和体系不够健全的现状。由市级部门制定具体的评估体系各要素占比,根据地区发展的特色与实际情况给予不同额度的创新补贴,以不同方式发放。采用项目管理、专款专报的方式,可以更加清晰地了解企业对于创新补贴的使用路径。

在项目制改革实施前进行充分试点和论证的基础上，对实施细则进行进一步的解释说明和公示，方便企业理解和接受。在项目实施过程中，可以采用分批多次拨付资金的方式，进一步规定对于项目考核的要求和后期制度条件，以便企业能够更加精准地进行创新投入和自主创新产出，方便对项目实施的成果给予考核评级和后期资助。对高新技术企业参与绿色发展、区域发展等重点领域或协助传统产业转型升级等给予更多的补贴倾斜，因地制宜地推动创新政策的实施，如给予稍高的百分比或列为评估加分项等。对于具备一定创新实力但创新政策推动较为滞后的地区，如苏北的连云港、徐州，苏中的南通等，可以进一步在"苏北科技振兴计划"中投放相关补贴支持，推动苏北地区的科技创新和发展等。

这些措施可以在一定程度上提升政策的敏度，使补贴政策更加多样化、灵活化，更具激励性和针对性，鼓励企业更加积极地进行技术创新和转型升级，推动经济发展和社会进步。

（三）延展政策的广度

1. 发挥优惠政策的最大凝聚力与向心力

江苏省可以制定更加精细的普适性补贴政策组合，建立一体化信息化的政策窗口，形成省、市、县三级分工明晰、相辅相成、可上可下的完善的政策体系。在宏观政策定基和兜底的前提下，鼓励基层政府因地制宜在备案基础上进行高新技术相关政策创新，并对行之有效的善策良策及时加以提炼和推广。明确各级各类涉及高新技术特殊类型的企业享受创新补贴和税收优惠的具体方式和最大幅度。例如，针对复合属性的企业，对于同时属于"小巨人计划"或"小微创新企业补贴"的高新技术企业，可以采用乘数方法给予更多税收优惠；对于国有企业"创新示范工程"中的高新技术企业，可以制定专门的补贴政策；对于瞪羚企业和独角兽企业中的高新技术企业，可以提供更多信贷支持等。进一步增进政策协同和政策合力，通过这些措施，激励这些具有复合属性的企业更好地发挥其科技创新和经济发展的带动作用。另外，江苏省可以将类似的优惠政策适用范围扩大到传统制造业、农业等其他行业的高新技术产品或项目中，促进其他产业对高新技术产业产品和技术的吸收和自主研发。例如，对于传统制造业的高新技术产品或项目，可以给予适当的税收优惠和补贴政策，促进其转型升级和创新发展；对于农业的高新技术产品或项目，可以提供特殊的税收优惠和补贴政策，以鼓励更多的农业科技创新和农业现代化发展。在全省各个行业中形成良好的创新氛围，促进全省范围内的科技创新技术应用。

2. 提升高新技术的产业支撑力

江苏省可以搭建产业对接协同平台，同时制定更具体的税收优惠和补贴政策，鼓励高新技术企业之间的协作、高新技术企业对高污染行业和传统行业的改造、高新技术企业与其他行业的合作，提升高新技术的产业支撑力。例如，促进环保型高新技术企业与高污染企业的协作，给予在环保领域开展技术研发和项目投资的高新技术企业更大力度的税收减免和财政补贴，促进企业积极参与到环保事业中，针对环保行业的高新技术产品或项目，制定相应的税收优惠政策和补贴政策，鼓励企业加大对于环保技术研发的投入，推动产生更多绿色专利和绿色创新，助力可持续发展；鼓励传统企业进行技术改造和升级，通过引入高新技术企业提供的智能制造、物联网等先进技术和管理模式，提高传统行业的生产效率和产品质量，推动传统行业的可持续发展等。同时，积极促进不同产业的跨区协作、鼓励企业之间和产业之间的长期合作，延长产业的空间协作链条。通过设立专门的奖励和项目以及将产业支撑力纳入高新技术企业和高新区的评价体系，进一步提升其他行业和高新技术企业参与到产业合作和产业协同中的热情和积极性。

3. 推动创新积分贷政策进一步释放活力

进一步推广企业创新积分贷试点工作，引入更多的评价维度，如企业的创新能力、市场前景、社会价值等，以更全面地评估企业的创新实力；提高政策优惠力度，如提高贷款额度、降低贷款利率、延长贷款期限等，以更好地满足企业的融资需求，同时也能吸引更多的企业参与；加强政策宣传和推广，提高企业对政策的认知度和了解程度，对试点金融机构给予适当补贴，吸引更多的企业和金融机构参与政策；随着创新积分的完善，逐步推动江苏省范围内创新积分的互认和转移。尝试建立江苏省范围内的创新积分线上平台，完善创新积分认证和评估以及积分抵扣、积分兑换、积分转移政策，在高新技术和区域创新发展中进一步释放金融活力。企业可以通过该平台上传和更新自己的创新积分。具体而言，创新积分可以是基于企业的研发投入、专利数量、技术成果转化等创新活动产生的，企业可以在平台上使用自己的积分兑换一些政府提供的优惠政策和奖励，如税收减免、资金扶持、技术支持等，也可以根据自己的需要，随时将存储的创新积分用于结算或兑换成其他资产，如资金、物资等。通过这种方式，政府可以根据企业贡献的创新积分，提供适当的扶持，以鼓励更多的企业积极参与到创新活动中；企业还可以在平台上发布自己所需要的创新积分，并选择接受其他企业转移的创新积分，以实现创新资源的优化配置。

（四）释放政策的温度

1. 对高新技术申报过程企业建档立卡和重点帮扶

分类建档的方式有助于及时了解不同类型企业的困难和需求，为政府精准施策提供有力的支持，从而更好地促进区域经济的发展和技术创新。可以对入库后未申报企业、申报后未入选企业以及初次认定后不再认定的企业分类建档，及时了解其困难并进行必要的帮扶和转型支持。这种分类建档的方式有助于更加精准地进行政策调整和帮扶，有助于提高政策的针对性和有效性。对于入库后未申报企业，可以了解其具体原因和困难，给予适当的帮助和支持，如提供政策解读、咨询和指导等服务，帮助其更好地理解和申请政策。对于申报后未入选企业，可以给予更多的指导和帮扶，如提供专业培训、技术支持和资金扶持等，帮助其提升竞争力和实力，以便再次申请时能够成功入选。对于初次认定后不再认定的企业，可以深入了解其不再认定的原因和困难，并根据具体情况进行调整和帮扶。例如，如果是因为市场变化或技术更新等原因导致企业无法继续满足认定条件，可以提供转型升级的支持，帮助其调整业务方向或升级技术，以便再次申请认定。政府还可以利用信息优势在一定范围内适当地为这些企业提供引才引智等方面的服务和支持，积极帮助企业搭建和对接商业化应用场景等，帮助相关企业渡过难关并获得独立成长能力。

2. 依托标杆企业试点逐步建立奖励信用融通体系

在原有的发展模式下，企业只能采用先报后销的模式来获取创新补贴。在这种情况下，企业可能会由于无法获得上述资源支持从而限制了自身的创新行为。建设高新技术相关种子企业的奖励预支体系，帮助政策更加灵活地实施和激励企业更好地发展。在具体操作上，政府可以制定相应的标准和规则，对符合条件、成长优质的高新技术入库种子企业或从事高新技术研究的行业龙头企业根据其创新积分和信用等级进行奖励预支，预支内容可以是全部或部分奖励内容，可以根据企业的实际情况和发展需求进行灵活调整。政府可以设定一定的规定动作和完成时限，如在规定年限内完成高新技术企业认定、取得关键技术突破或攻克重大科研难题等，该政策可以从高新技术企业开始试点和实施，逐步扩展至与高新技术有密切关联或承担高新技术项目发展的其他企业。

3. 增强政策持续性和灵活性，提振市场主体的信心

新冠疫情对于全球市场的冲击尚未完全消弭，高新技术企业作为对融资成本敏感的典型代表，特别是其中的初创企业和中小微企业，其生产和经营可能会发生更加剧烈的波动，对企业的经营信心造成负向影响。在这一背景下，政府这一"看得见的手"的作用尤其重要。2023年，江

苏省发布《关于延长2023年度高新技术企业申报时间的通知》，将高新技术企业申报截止时间延长至9月，体现了政策的灵活调整。受市场需求不足、盈利能力下降等因素影响，高新技术企业恢复基础还不牢固。政府需要采取有效的措施来增强政策的持续性和灵活性，以帮助这些企业渡过难关并提振市场主体的信心。这不仅有助于促进企业的稳定发展，还可以为社会创造更多的就业机会和增加税收收入。在未来一个阶段，政府需要根据宏观经济形势和地方企业的实际需要，对每年的高新技术企业申报进行适当的调整，包括延长申报时间、增加支持政策、简化申报流程、探索滚动式申报与认定等。政府还需要密切关注市场变化，及时对政策效果进行评估和分析，畅通政企沟通渠道，调整政策和采取相应的措施来帮助高新技术企业应对可能出现的新的挑战和机遇。

通过以上措施，提高政府政策的温度和有效性，促进高新技术企业创新的发展和良好政企关系的构建，打造优质的区域创新生态。

二、高新技术与区域融合发展战略

（一）促进区域特色优势与高新技术产业相结合

鉴于苏中、苏北地区与苏南地区存在着高新技术产业发展方面不同的要素禀赋，在发展高新技术产业的过程中推动区域特色优势与高新技术产业相结合的思路也有所差异。

苏中和苏北地区推动高新技术产业发展需要引进和培育相结合，制定具体的产业特色，通过聚焦高新技术产业中的某一领域或某一产业环节，形成自身的产业优势和核心竞争力。依托苏中、苏北地区的发展优势和发展亮点，推动传统产业的智能化发展。在高新技术企业的行业细分中，电子信息技术、生物与新医药技术，以及智能制造产业的延展性较好，比较容易和苏北的原有优势产业形成对接，为特色产业的发展注入新的生机与活力，把资源优势转化为经济优势。

苏南地区的高新技术产业发展则需要更加优化链条和分工协作。目前，苏南地区虽然拥有苏南国家自主创新示范区这一政策利好，但整体区域的核心竞争力不够强，一体化名片不够亮，创新积累尚未完全转化为创新产出的提升，创新的效率有待进一步加强。需要进一步提升区域一体化协作的能力，优化资源配置，增强区域的整体创新能力和关键创新能力。

1. 苏北：培育智慧农业

苏北地区包括徐州、连云港、宿迁、淮安、盐城5个地级市。苏北地区并不是落后的代名词，其经济的相对发展程度在我国东部地区仍处于中上游水平，特别是在农业发展和县域经济发展方面的优势比较突出，而且得到了长期保持和发展。由于苏北地区的耕地红线占比相对较高，盲目发展其他产业可能不利于政策的实行和苏北地区的定位。为此，我们认为进一步推动苏北地区高新技术产业的发展，可以探索智慧农业发展模式。苏北地区在江苏省内具有独特的地理和经济特点，其中耕地面积相对广阔，特色农产品众多，如新沂水蜜桃、沛县大米、沙塘韭黄、赣榆大黄鱼等。这一优势不仅为苏北地区的农业发展提供了良好的契机，还有助于推动苏北地区智慧农业的发展。另外，广阔的耕地面积为生物技术和生物质能的研发和应用提供了良好的条件。

这使得更多的农业科技项目能够在苏北地区进行试验和推广，如通过引进先进的生物技术来改良作物品种，提高农作物的产量和品质，同时也可以研发和应用生物质能、开展生物制药、开展基因技术研发等，提高农作物的附加值。苏北地区可以通过引进智能化的农业设备和系统提高农业生产的效率和质量，通过现代科技手段实现农业生产的智能化和信息化，如进一步发展智慧灌溉、虫害防治和生物传感技术等。苏北地区的农业基础也为农业技术使用相关软件和农产品线上销售相关软件的研发和推广提供了良好的平台。随着互联网和电子信息技术的不断发展，农业生产也越来越依赖软件和技术支持。在苏北地区，可以通过研发和推广更多的农业技术应用软件,提高农民的生产技能和管理水平。同时,也可以通过发展线上销售软件,进一步推动乡村电商的发展,拓展农产品的销售渠道,提高农产品的附加值和品牌效应,使得农产品能够更好地进入市场,获得更多产品差异化优势,更广泛地得到市场认可,同时助力发展生态旅游和乡村旅游。在这个过程中,苏北地区的农民和农业企业通过引进先进的农业技术和现代化的农业设备,提高农业生产效率,优化产品营销增加收入来源,政府可以给予相关的指导和政策支持,助力高新技术产业和农业的有机结合。高新技术产业对农业的提质增效可以使农民可支配收入进一步提升,有效助力巩固脱贫攻坚成果和推进共同富裕。

2. 苏中:升级智能制造

苏中地区包括南通、扬州、泰州3个地级市。南通传统制造业发达,特别是在船舶制造、纺织、港口物流等领域有深厚基础。此外,如皋已经成为"苏州硅谷"且在高新区的发展过程中取得了显著成效,其智能制造产业发展迅速。与此同时,扬州和泰州在船舶制造和旅游业方面有巨大的高新技术应用潜力。一方面,扬州和泰州都有着丰富的旅游资源。作为中国历史文化名城之一,扬州拥有诸如瘦西湖、个园、何园等众多著名景点;泰州的金山寺、东港湾等也颇具盛名,这些旅游资源为两地带来了大量的游客,推动了旅游经济的繁荣发展。另一方面,得益于两地得天独厚的地理位置以及先进的制造工艺水平,扬州和泰州在船舶制造方面表现得尤为出色,初步形成了产业集群和代表性企业。例如,扬州仪征市的招商局金陵船厂在滚装船细分市场上表现抢眼,已经在降本增效、绿色升级等方面取得显著成果,成为全球滚装船建造领域的"隐形冠军";泰州靖江市的船舶修造(拆)企业,如江苏亚星锚链股份有限公司,也在船舶配套领域具备了显著的竞争优势,为我国大型船用锚链和海洋系泊链及附件的生产作出了突出贡献。

政府可以引导南通、扬州和泰州加强区域合作,共同制订智能制造发展的战略规划和实施计划。支持南通智能制造在扬州和泰州船舶制造和旅游业中的应用，通过跨地区的资源共享和优势互补，可以提高整个苏中地区的产业凝聚力和向心力。例如，提供资金支持、税收优惠等政策，鼓励企业进行智能制造技术的研发和应用，推动整个苏中地区的制造业发展，促进南通、扬州和泰州的企业加强合作，共同探索智能制造在船舶制造和旅游业中的应用，充分利用南通在智能制造领域的优势，推动技术创新和产业升级。通过企业间的合作，可以促进资源的优化配置和技术成果的共享，实现互利共赢；共同培养具有智能制造技术和旅游管理专业知识的复合型人才，以满足高新技术发展对船舶制造和旅游业新型人才的需求；结合扬州和泰州的船舶制造和旅游业特点，研发具有创新性和实用性的智能制造技术和解决方案，优化船舶制造和旅游业的产业结构。例如，通过智能化技术提高船舶制造的效率和质量，对已有产品进行优化和升级，利用虚拟现实（virtual reality，VR）和增强现实（augmented reality，AR）技术搭建更多数字化平台和智能化场馆，提升旅游业的数字化和智能化水平等，实现产业升级和提质增效，提高区域整体活力和对于苏南、苏北地区的链接力。

3. 苏南：打造一体化名片

苏南地区包括南京、苏州、无锡、常州、镇江5个地级市。依托苏南自主创新示范区建设与改革，打造苏南一体化的名片。通过优化创新一体化布局，建立高效协同、互利共赢的一体化发展体制机制。例如，可以推动创新资源的优化配置，加强创新空间的布局以及创新产业发展的整体统筹，促进区域间共同设计创新议题、互联互通创新要素、联合组织重大项目等。推动产学研合作校企人才共同培育，给予相关奖励和项目，支持产学研专题合作和联合技术攻关。促进科研机构、高校等与企业合作，推动科技创新和成果转化。例如，组织城市间的产学研合作对接活动、搭建产学研合作信息平台等，推动科技创新要素的跨城市流动和转移。

第八章 提高江苏省高新技术产业科技政策实施效能的建议

建立城市间合作机制，推动公共服务互认共通。苏南国家自主创新示范区内的各个城市可以建立常态化的合作机制，通过定期召开城市间合作会议、组织技术交流对接会等方式，进一步密切苏南城市之间交通网，打造一体化生活圈，加强城市之间的互动和合作。此外，可以建立城市之间创新驿站，提供信息共享、资源整合、技术转移等服务，促进城市之间的创新合作。同时，积极推动国家自创区内的企业和个人信息互联互通，在企业的高新技术相关资质认定、创新积分的累积、优惠政策的享受以及个人社保信息、医保信息、交通信息等方面持续推动一体化建设。

（二）培育高新技术核心城市

推动江苏省整体高新技术产业的发展，应当进一步打造和升级各区域高新技术核心城市，通过以点带面的方式来进一步辐射和带动江苏省全域的产业升级。

1. 苏北：徐州

（1）地理和交通基础。徐州位于江苏省北部，地处中原，素有"五省通衢"之称。作为全国综合性交通枢纽，徐州拥有丰富的铁路、公路、航空等多种交通资源，特别是近年来高速铁路的快速发展，使得徐州与全国各地，尤其是与长江三角洲、珠江三角洲等经济发达地区的联系更加紧密。同时，徐州地处淮海经济区中心，位置优越，具有承东启西、连接南北的区位优势，为高新技术产业的发展提供了得天独厚的条件。

（2）经济和产业基础。徐州的制造业基础雄厚，拥有众多知名企业，如徐州工程机械集团有限公司、江苏维维集团等。这些企业在各自领域内具有较高的技术实力和市场占有率，为高新技术产业的发展提供了强大的产业支撑。此外，徐州还具有丰富的自然资源和能源优势，如煤炭、电力等，为高新技术产业的发展提供了坚实的能源保障。

（3）高新技术发展基础。徐州市的高新技术产业涵盖了多个领域，包括电子信息、生物医药、新能源等。其中，电子信息产业拥有多家国家高新技术企业和省级以上创新型企业；在生物医药领域发展了江苏恩华药业股份有限公司等一批生物医药高新技术企业。此外，江苏省拥有中国矿业大学这一"双一流"建设高等院校和其他高等教育资源，为建设和发展苏北地区区域性科技研发和产学研结合中心奠定了良好基础。

综上所述，选择徐州作为苏北地区的高新技术核心城市具有明显的优势。地理位置优越、交通便捷、经济实力强大、产业基础雄厚、能源保障充足以及高新技术产业发展迅速和人力资本相对充足等特点，使得徐州具有极大的潜力带动苏北地区的发展。同时，徐州市的不断发展还将进一步促进江苏省实现南北协调发展，推动全省经济的高质量发展。

2. 苏中：南通

（1）地理和交通基础。南通位于长江三角洲腹地，紧邻上海，距离苏州、杭州等经济中心城市也很近，地理位置优越。根据江苏省南通市城市群的相关建设规划，南通市也属于其中的核心区域。这为南通成为全国性综合交通枢纽提供了得天独厚的条件。作为全国性综合交通枢纽，南通拥有发达的水陆空交通网络。南通港是江苏省最大的河口港口，连接长江和东海，货物运输更加便捷。此外，南通还有高速公路、铁路和航空等多种交通方式，为高新技术产业的发展提供了便利的运输条件。

（2）经济和产业基础。南通市制造业相对发达，拥有众多的中央驻苏和本地知名企业，如中南控股集团、南通三建集团、南通四建集团等。这些企业在各自领域具有强大的实力和影响力，为高新技术产业的发展提供了强大的产业基础。2022年南通实现GDP1.14万亿元，显示出较强的经济实力和潜力。[①] 南通拥有良好的发展环境和市场潜力，为高新技术产业的发展提供了广阔的空间。此外，南通市与周边泰州、扬州、镇江等地产业联系较为紧密，在船舶制造等行业形成了初步的产业集群和区域优势。

---

① 2022年南通市国民经济和社会发展统计公报［EB/OL］. 南通市统计局官网，2023 – 03 – 08.

(3) 高新技术发展基础。南通市高新技术产业涵盖了多个领域，包括新材料、生物医药、电子信息、装备制造等。其中，南通在新材料领域具有较强的优势，如先进复合材料、特种钢铁材料等。目前，南通市已经形成了一批高新技术企业集群。如皋加快构建数字经济引领的现代化产业体系，引进了多家高新技术企业和创新型企业，建设了多个智能制造基地和产业园，涉及智能装备、机器人、自动化生产线等多个领域，通过技术创新和智能化改造，提高了南通市制造业的竞争力和水平。南通市在独角兽和瞪羚企业发展中相对领先；如皋开发区在2022年评估中位列苏中、苏北地区第一；城市创新能力数据显示，2022年南通市的区域创新水平在江苏省排名较为靠前，处于苏中和苏北地区的先进水平。

综上所述，选择南通作为高新技术核心城市能够很好地辐射和带动周边地区，也能够为城市本身高新技术产业的升级和应用提供广阔的空间支持。南通市的不断发展还将进一步促进江苏省进行充分的试点与实践，拓展江苏省在海洋经济方面的发展前景和扬子江城市群建设的实质成效，助力江苏找到"江强海弱"问题的终结点和突破点。

3. 苏南：双城联动

（1）强化主体城市的带动作用。苏南国家自主创新示范区内的主体城市苏州和南京应该发挥自身的引领作用，加强双城联动，通过科技创新、产业升级等打造创新中枢。一方面，依托城市本身的吸引力，进一步吸引开展探索式创新和实质性创新的优质龙头企业和科创企业入驻，尽快培育或引进具有代表性的中国典型的科创企业总部和研发机构，争取在核心技术领域取得突破。另一方面，做好产业布局和产业协同规划，注重相关产业向非主导城市的承接和扩散。例如，可以引导创新资源向镇江、常州等非主体城市倾斜，利用地缘优势鼓励和推动符合当地发展需要的高新技术企业分支机构或者中小型科技企业入驻非主体城市或向非主体城市迁移等。

（2）提振非主体城市的承接能力。一方面，非主体城市应该积极承接主体城市的辐射和带动作用,加强与主体城市之间的产业对接、技术转移等,无锡、镇江和常州可以进一步优化基础设施建设和教育发展,特别是注重发展与高新技术紧密相关的职业技术教育,通过校企合作形式培育一批理论和实践技能并重的专门高级技术人才,为承接苏州、南京相关产业提供广阔的人力资本及支持;另一方面,可以结合服装纺织、太阳能光伏、镜片制造等自身优势和发展需求,主动寻求与主体城市之间的创新合作,推动自身的创新发展和产业升级。

三、高新技术提质增效宏观支撑方略

经过对江苏省高新技术产业政策和发展的分析,我们提出以下政策建议,以进一步在宏观层面为高新技术的发展优化协调支撑、夯实要素支撑、强化产业支撑和细化环境支撑。

(一)优化协调支撑

1. 加大对南北协作中高新技术产业协作的支持力度

江苏省内的南北协作机制已经取得了一定的成效,但是在高新技术产业协作方面还存在不足。应当进一步加强南北协作合作,打破地域壁垒,加大对南北协作中高新技术产业协作的支持力度,促进技术转移、产业升级和区域协调发展,形成全省高新技术产业协同发展的态势。例如,建立南北协作项目库,鼓励南部地区的高新技术企业与北部地区的传统产业企业合作,推动技术创新和产业升级;提升高新技术产业承接和产业协作在南北协作项目评估中的占比;为向对口协作地区部分或全部迁移的高新技术企业提供必要的政策支持与补贴;建立健全高新技术产业协作联盟;加强南北高新技术产业园区之间的合作等。

2. 提高区域一体化政策的深度和广度

统筹对于区域政策的整体性认识,如强化苏南自主创新示范区与苏州自贸试验区的"双自联动"、推动苏中地区高新技术产业积极融入扬子江城市群建设等。推动公共服务和高新技术认定等省内互通，加强省内企业和个人统一公共服务平台的建设，提高高新技术企业获得资源和服务的便利程度，降低企业行政成本，如推动企业相关创新资质的全面互认和跨系统识别等。加强与长江三角洲地区以及其他重要区域的合作，形成区域一体化发展的合力。例如，与上海、浙江等地进一步深化合作，共同推动高新技术产业的跨区域合作和交流，进一步吸纳和承接优质高新技术龙头企业，推动区域一体化税收和相关政策的制定等，实现资源共享、优势互补。

3. 加强政策制定和实施齿轮嵌合度

充分利用苏南国家自主创新示范区的政策优势，在自创区尝试更多的关于高新技术产业政策的制度创新和自然实验。在这个过程中，积极加强中央与省级层面的沟通，积极争取中央更多的政策支持，并及时汇总和总结相关经验和政策运行过程中遇到的风险和问题，为其他地区的政策实施和推广提供有效的经验。强化政策制定各环节中的部门联动和省地联动，加强政府各部门之间的协调合作，充分调动地方政府的积极性和主动性。建立健全政府部门之间的协调机制，明确主体负责制，加强政策的前期调研、试点、沟通和协商、信息共享和灵活调整机制，形成各级各类政策的有机统一体系，确保政策的实施效果。

（二）夯实要素支撑

1. 加强全域交通连接与数字基础

加大对交通基础设施建设的投入，提高交通运输的效率和便捷性，加快高速公路、铁路和航空等交通网络的建设，破解江苏省内外线路交通瓶颈，改善交通拥堵。同时，促进数字经济的发展、加强数字产业基础建设、提供更加便捷的数字化服务，为高新技术企业相关创新和创业提供更加便捷的环境，降低区域创新和创业的门槛，促进创新型企业的兴起和发展。

2. 建设梯队化高适配人才体系

一方面，加强高层次和核心技术人才的培养和引进，为高新技术产业的发展提供关键的人力资源支持；另一方面，建立更加完善的人才培养机制，加大对高新技术理论和技术人才的培养力度。坚持高级研发人才与高级技能人才并重，侧重优化苏北、苏中地区人才引力。提升人才梯队对高新技术产业的适配度。加强高校与企业的合作，提供更多实习和就业机会，培养具备高新技术产业需求素质的专业化人才。

3. 加强金融创新、社会资本和政府引导基金作用

推动金融创新，拓宽高新技术产业的融资渠道。例如，加强与金融机构的合作，创新金融产品，为高新技术企业提供更加灵活多样的融资方式，如推动科技金融和绿色信贷相结合、促进数字金融建设等。同时，加大对社会资本和政府引导基金的支持力度，鼓励相关领域的政府购买以及社会资本投资高新技术产业。注意风险管理，避免因企业违约导致的金融风险，如对申请创新积分贷的企业进行严格的审核和评估，同时建立风险预警和处置机制，采用再保险等方式进行整体风险控制。

4. 完善创新系统建设

加强创新一体化平台和孵化机构的建设，为高新技术企业的孵化和成长提供支持。加大对创新创业孵化器的扶持力度，提供场地、资金、技术等方面的支持，规范对于孵化器的管理和奖励政策，如根据培育和引进高新技术企业的数量和质量双重指标进行评价等；建立创新一体化平台，促进政府、企业、科研院所之间和城市之间的交流合作，加速技术成果转化应用。

（三）强化产业支撑

政府可以推动高新技术产业间合作、高新技术对传统产业改造、高新技术支持特色产业发展和践行创新、协调、绿色、开放、共享五大发

展理念，协助搭建对接平台并提供政策支持，如将以上项目纳入对于高新技术产业或高新区的考核指标等。

1. 推动高新技术产业间合作

加强高新技术产业间的合作与交流，促进产业的协同发展。例如，建立高新技术产业联盟，为企业提供合作和交流的平台。同时，进一步提升高新区等主要创新区域的建设水平、配套水平和协作水平，鼓励企业共同研发和创新，加强技术交流与分享，实现资源共享和优势互补。

2. 鼓励高新技术对传统产业进行改造

推动高新技术企业与传统产业企业的合作，推动传统产业的升级和转型。例如，拓宽智能制造在传统制造业的应用场景、助力信息技术在旅游业等传统服务行业中的应用等，帮助传统产业克服发展瓶颈，实现智能化和跨越式发展。同时，提供相应的政策支持和资金扶持，引导传统产业向高新技术产业转型。

3. 促进高新技术支持特色产业发展

加强与区域特色产业的合作，推动高新技术产业与特色产业的融合发展。例如，鼓励高新技术企业支持苏北农业产业现代化和智能化发展，推动农业科技创新和农业产业升级。同时，鼓励高新技术企业支持文化创意产业、新能源产业等特色产业的发展，提高产业的附加值和竞争力。

助力高新技术践行五大发展理念：积极引导高新技术企业在创新驱动下践行创新、协调、绿色、开放、共享五大发展理念。例如，促进企业加强国内国际合作，推动开放发展；鼓励环保行业高新技术企业为高污染企业提供技术支持和创新解决方案等。

（四）细化环境支撑

1. 建立健全区域共建共享文化

加强区域间的文化交流与合作，推动形成江苏省的共同文化认同，促进地方文化的融合与共享，为高新技术产业的发展提供良好的文化环境支撑。改变"散装江苏"的传统制度与文化环境刻板印象，打造江苏省具有独特特色和核心竞争力的文化环境。推动促进南北协作的发展，进一步提高吸引省外人才、项目、投资等创新要素的流入黏性，引导高新技术相关人才和企业形成身份认同，增强区域凝聚力和向心力，形成干事创业的良好氛围，为推动江苏的创新驱动发展注入文化动力。

2. 加快推动优化营商环境

加强市场机制的构建，为企业的发展提供更加公平、公正、透明的竞争环境。推动市场良性竞争，积极促进外来企业融入本地产业链和经济链，注重外来企业与本地企业之间的合理平衡，提高市场经济的效率和活力；提高企业自主创新能力和核心竞争力，促进企业技术自主创新和自主品牌建设，提高企业的核心竞争力，强化对于引育高新技术产业发展壮大的科创龙头企业、独角兽企业、瞪羚企业和"小巨人"企业的支持力度。加强知识产权的保护工作，为高新技术产业的创新发展提供保障。例如，加强知识产权宣传教育和法律保护，提升知识产权侵权行为打击力度和信用关联；建立专门的知识产权服务机构，为企业提供知识产权咨询、维权等服务；在高新区等高新技术产业密集区设立知识产权法院和法庭，对于知识产权纠纷及时进行公正处理。

3. 持续深化"放管服"改革

持续优化营商环境，为高新技术企业的发展提供便利。例如，进一步简化办事流程，减少企业审批时间和成本；加强政府与企业的沟通和合作，解决企业在发展过程中遇到的问题；建立投资促进机构，提供全方位、多层次的服务和支持。加强政府与企业的沟通和合作，构建亲清政商关系，为高新技术企业的发展提供良好的政策环境和服务。加强政府服务的改革和创新，提高政府服务的效率和质量。强化调查研究，对于高新技术企业的痛点难点堵点问题及时提供必要的帮助。建立健全政策和法规支持体系，稳定企业预期，为企业特别是高新技术企业提供长期稳定的政策支持。

参 考 文 献

[1] 白旭云, 王砚羽, 苏欣. 研发补贴还是税收激励——政府干预对企业创新绩效和创新质量的影响 [J]. 科研管理, 2019, 40 (6): 9-18.

[2] 蔡卫星, 高明华. 政府支持、制度环境与企业家信心 [J]. 北京工商大学学报 (社会科学版), 2013, 28 (5): 118-126.

[3] 曹廷求, 张翠燕, 杨雪. 绿色信贷政策的绿色效果及影响机制——基于中国上市公司绿色专利数据的证据 [J]. 金融论坛, 2021, 26 (5): 7-17.

[4] 曹玉平. 国家自主创新示范区设立优化了区域创新结构吗？——基于合成控制法的实证评估 [J]. 管理评论, 2023, 35 (4): 128-143.

[5] 常青青. 税收优惠对高新技术企业创新效率的差异化影响 [J]. 财经科学, 2020 (8): 83-92.

[6] 陈朝月, 许治. 时间效应视角下直接补贴与税收优惠的创新效应评估研究 [J]. 科学学与科学技术管理, 2021, 42 (10): 71-83.

[7] 陈东, 邢霂. 税收优惠与企业研发投入: 内部控制的视角 [J]. 现代经济探讨, 2020 (12): 80-90.

[8] 陈立峰, 郑健壮. 绿色信贷政策能否促进企业绿色创新？——基于730家中国创业板上市公司的研究 [J]. 浙江大学学报 (人文社会科学版), 2023, 53 (8): 42-62.

[9] 陈游. 碳金融: 我国商业银行的机遇与挑战 [J]. 财经科学, 2009 (11): 8-15.

[10] 陈远燕,何明俊,张鑫媛. 财政补贴、税收优惠与企业创新产出结构——来自中国高新技术上市公司的证据 [J]. 税务研究,2018 (12): 48-54.

[11] 储德银,杨姗,宋根苗. 财政补贴、税收优惠与战略性新兴产业创新投入 [J]. 财贸研究,2016,27 (5): 83-89.

[12] 戴若尘,王艾昭,陈斌开. 中国数字经济核心产业创新创业:典型事实与指数编制 [J]. 经济学动态,2022 (4): 29-48.

[13] 翟淑萍,毕晓方. 高管持股、政府资助与高新技术企业研发投资——兼议股权结构的治理效应 [J]. 科学学研究,2016,34 (9): 1371-1380.

[14] 丁杰. 绿色信贷政策、信贷资源配置与企业策略性反应 [J]. 经济评论,2019 (4): 62-75.

[15] 丁烈. 国家自创区建设对科技型上市公司创新绩效的影响研究 [D]. 杭州:浙江大学,2022.

[16] 杜兴强,陈韫慧,杜颖洁. 寻租、政治联系与"真实"业绩——基于民营上市公司的经验证据 [J]. 金融研究,2010 (10): 135-157.

[17] 段姝,杨彬. 财政补贴与税收优惠的创新激励效应研究——来自民营科技型企业规模与生命周期的诠释 [J]. 科技进步与对策,2020,37 (16): 120-127.

[18] 范源源,李建军. 自主创新:税率优惠的作用效应与机制分析 [J]. 财贸研究,2023,34 (5): 54-66.

[19] 方兰,汤鹤延,李军. 国家自主创新示范区建设对城市空气污染的影响研究——基于准自然实验的证据 [J]. 西安交通大学学报(社会科学版),2022,42 (5): 49-62.

[20] 冯海红,曲婉,李铭禄. 税收优惠政策有利于企业加大研发投入吗?[J]. 科学学研究,2015,33 (5): 665-673.

[21] 冯玉梅. 我国碳金融体系构建与运作模式探讨 [J]. 投资研

究, 2010 (7): 13-17.

[22] 郭玥. 政府创新补助的信号传递机制与企业创新 [J]. 中国工业经济, 2018 (9): 98-116.

[23] 韩凤芹, 陈亚平. 税收优惠真的促进了企业技术创新吗?——来自高新技术企业15%税收优惠的证据 [J]. 中国软科学, 2021 (11): 19-28.

[24] 何凌云, 梁宵, 杨晓蕾, 等. 绿色信贷能促进环保企业技术创新吗 [J]. 金融经济学研究, 2019, 34 (5): 109-121.

[25] 贺玲. 论税收优惠对提升企业专用性人力资本投资的激励 [J]. 税务研究, 2012 (8): 66-69.

[26] 贺炎林, 张杨, 尹志超. 如何提高政府补贴和税收优惠促进技术创新的有效性——来自中国A股上市公司的证据 [J]. 技术经济, 2022, 41 (9): 10-23.

[27] 贺震, 倪艳玲. 江苏: 企业环境行为评价助推绿色信贷 [J]. 环境保护, 2010 (22): 22-24.

[28] 侯贵生, 神琪, 宋于心. 基于双重委托代理理论的创新补贴"内卷"研究 [J]. 商业研究, 2022 (3): 12-23.

[29] 侯尚法. 税收激励、创新补贴与文化企业技术创新 [J]. 深圳大学学报 (人文社会科学版), 2022, 39 (5): 51-62.

[30] 胡安军, 郭爱君, 钟方雷, 等. 高新技术产业集聚能够提高地区绿色经济效率吗? [J]. 中国人口·资源与环境, 2018, 28 (9): 93-101.

[31] 胡天杨, 涂正革. 绿色金融与企业高质量发展: 激励效应与抑制效应 [J]. 财经科学, 2022 (4): 133-148.

[32] 黄宇虹. 补贴、税收优惠与小微企业创新投入——基于寻租理论的比较分析 [J]. 研究与发展管理, 2018, 30 (4): 74-84.

[33] 江涛, 郭亮玺. 政府研发补贴、融资约束与企业创新绩效——基于所有权性质视角 [J]. 商业经济与管理, 2021 (2): 44-55.

[34] 姜付秀, 伊志宏, 苏飞, 等. 管理者背景特征与企业过度投资行为 [J]. 管理世界, 2009 (1): 130-139.

[35] 解佳龙. 国家高新区转型发展基础评价体系设计与应用 [J]. 经济体制改革, 2019 (2): 46-53.

[36] 景国文. 国家自主创新示范区的碳减排效应 [J]. 中国人口·资源与环境, 2023, 33 (6): 23-33.

[37] 寇明婷, 魏建武, 肖明, 等. 双管齐下是否更优？企业研发税收优惠政策组合一致性研究 [J]. 管理评论, 2022, 34 (1): 92-105.

[38] 寇宗来, 刘学悦. 中国城市和产业创新力报告2017 [R]. 复旦大学产业发展研究中心, 2017.

[39] 雷立钧, 高红用. 绿色金融文献综述：理论研究, 实践的现状及趋势 [J]. 投资研究, 2009 (3): 17-21.

[40] 李德山, 苟晨阳. 绿色信贷对"两高一剩"企业绿色创新的影响效果及其机制研究 [J]. 产经评论, 2022, 13 (1): 48-64.

[41] 李丽青. 税收优惠政策对企业R&D投入的激励机理研究 [J]. 科技进步与对策, 2008 (2): 13-16.

[42] 李婷婷. 设立国家自主创新示范区对城市创新能力的影响研究 [D]. 武汉: 华中科技大学, 2021.

[43] 李一鸣. 我国国家自主创新示范区体制创新的国际比较与实现路径 [J]. 河南社会科学, 2019, 27 (12): 75-82.

[44] 李勇. 绿色金融助力"双创"绿色化升级 [J]. 人民论坛, 2019 (24): 96-97.

[45] 李子彪, 孙可远, 吕鲲鹏. 三类政府财政激励政策对高新技术企业创新绩效的激励机制——基于企业所有权性质的调节效应 [J]. 技术经济, 2018, 37 (12): 14-25, 75.

[46] 林伯强, 谭睿鹏. 中国经济集聚与绿色经济效率 [J]. 经济研究, 2019, 54 (2): 119-132.

[47] 刘传岩. 绿色信贷发展问题探究 [J]. 税务与经济, 2012 (1): 29-32.

[48] 刘海英. 企业环境绩效与绿色信贷的关联性——基于采掘服务、造纸和电力行业的数据样本分析 [J]. 中国特色社会主义研究, 2017 (3): 85-92.

[49] 刘鹏振, 武文杰, 顾恒, 等. 政府补贴对高新技术企业绿色创新的影响研究——基于企业生命周期和产业集聚视角 [J]. 软科学: 1-11, http://kns.cnki.net/kcms/detail/51.1268.G3.20221223.1415.010.html, 2023-09-11.

[50] 刘啟仁, 赵灿. 税收政策激励与企业人力资本升级 [J]. 经济研究, 2020, 55 (4): 70-85.

[51] 刘强, 王伟楠, 陈恒宇. 《绿色信贷指引》实施对重污染企业创新绩效的影响研究 [J]. 科研管理, 2020, 41 (11): 100-112.

[52] 刘小勇, 陈晓欣, 丁焕峰, 等. 国家自主创新示范区与国家高新区高质量发展 [J]. 经济问题, 2022 (10): 98-107.

[53] 龙卫洋, 季才留. 基于国际经验的商业银行绿色信贷研究及对中国的启示 [J]. 经济体制改革, 2013 (3): 155-158.

[54] 陆红娟, 丁宏, 朱军, 等. 城市群型自主创新示范区创新一体化路径研究——以苏南国家自主创新示范区为例 [J]. 科技管理研究, 2022, 42 (1): 131-139.

[55] 马宗国, 蒋侬晓. 国家自主创新示范区产业转型升级的影响因素与路径选择——基于fsQCA方法的实证分析 [J]. 科技进步与对策, 2023, 40 (2): 50-59.

[56] 马宗国, 张辉. 推进国家自主创新示范区高质量发展的战略思考 [J]. 宏观经济管理, 2019 (7): 47-54.

[57] 马宗国, 赵倩倩, 蒋侬晓. 国家自主创新示范区绿色高质量发展评价 [J]. 中国人口·资源与环境, 2022, 32 (2): 118-127.

[58] 毛毅翀,吴福象. 创新补贴、研发投入与技术突破:机制与路径 [J]. 经济与管理研究, 2022, 43 (4): 26-45.

[59] 梅赐琪,汪笑男,廖露,等. 政策试点的特征:基于《人民日报》1992—2003年试点报道的研究 [J]. 公共行政评论, 2015, 8 (3): 1-24.

[60] 聂长飞,卢建新,冯苑,等. 创新型城市建设对绿色全要素生产率的影响 [J]. 中国人口·资源与环境, 2021, 31 (3): 117-127.

[61] 牛海鹏,张夏羽,张平淡. 我国绿色金融政策的制度变迁与效果评价——以绿色信贷的实证研究为例 [J]. 管理评论, 2020, 32 (8): 3-12.

[62] 潘爱玲,刘昕,邱金龙,等. 媒体压力下的绿色并购能否促使重污染企业实现实质性转型 [J]. 中国工业经济, 2019 (2): 174-192.

[63] 裴育,徐炜锋,杨国桥. 绿色信贷投入、绿色产业发展与地区经济增长——以浙江省湖州市为例 [J]. 浙江社会科学, 2018 (3): 45-53, 157.

[64] 齐绍洲,林屾,崔静波. 环境权益交易市场能否诱发绿色创新?——基于我国上市公司绿色专利数据的证据 [J]. 经济研究, 2018, 53 (12): 129-143.

[65] 任辉. 环境保护,可持续发展与绿色金融体系构建 [J]. 现代经济探讨, 2009 (10): 85-88.

[66] 任晓松,刘宇佳,赵国浩. 经济集聚对碳排放强度的影响及传导机制 [J]. 中国人口·资源与环境, 2020, 30 (4): 95-106.

[67] 尚洪涛,房丹. 政府补贴、风险承担与企业技术创新——以民营科技企业为例 [J]. 管理学刊, 2021, 34 (6): 45-62.

[68] 石晋昕,杨宏山. 政策创新的"试验—认可"分析框架——基于央地关系视角的多案例研究 [J]. 中国行政管理, 2019 (5): 84-89.

[69] 石书玲. 推动经济高质量发展的创新平台政策:功能、结构与

优化——基于自创区政策文本的量化分析［J］. 当代经济管理, 2021, 43（4）: 1-7.

［70］宋砚秋, 齐永欣, 高婷, 等. 政府创新补贴、企业创新活力与创新绩效［J］. 经济学家, 2021（6）: 111-120.

［71］苏冬蔚, 连莉莉. 绿色信贷是否影响重污染企业的投融资行为？［J］. 金融研究, 2018（12）: 123-137.

［72］粟立钟, 张润达, 王靖宇, 等. 税收优惠与研发投资动态调整［J］. 中国科技论坛, 2022（6）: 155-164.

［73］孙文浩. 减税有利于高新技术"僵尸企业"的创新吗？［J］. 统计研究, 2021, 38（6）: 102-115.

［74］孙自愿, 梁晨, 卫慧芳. 什么样的税收优惠能够激励高新技术企业创新——来自优惠强度与具体优惠政策的经验证据［J］. 北京工商大学学报（社会科学版）, 2020, 35（5）: 95-106.

［75］唐书林, 肖振红, 苑婧婷. 上市企业的自主创新驱动困境: 是免费补贴还是税收递延？［J］. 管理工程学报, 2018, 32（2）: 95-106.

［76］陶长琪, 丁煜. 数字经济政策如何影响制造业企业创新——基于适宜性供给的视角［J］. 当代财经, 2022（3）: 16-27.

［77］滕莉莉, 苏杭, 覃莹莹. 政府研发补贴对高新技术企业创新效率的影响——基于异质性的门槛效应分析［J］. 财政科学, 2023（1）: 118-135.

［78］王高望, 李芳慧. 创新补贴、内生增长与产业结构转型: 理论与实证［J］. 经济学报, 2022（9）: 1-35.

［79］王璐昊, 林海龙. 成为"最佳实践": 试点经验的话语建构［J］. 社会, 2021, 41（1）: 79-119.

［80］王璐昊, 庞莞菲, 廖力. 试验与示范: 国家自主创新示范区建设中的央地话语联盟［J］. 公共行政评论, 2023, 16（1）: 48-69.

［81］王璐昊. 政策试点推广过程中的话语机制［J］. 中国行政管

理,2022 (3): 22-29.

[82] 王松,胡树华. 我国国家高新区马太效应研究——兼议国家自主创新示范区的空间布局 [J]. 中国软科学,2011 (3): 97-105.

[83] 王馨,王营. 环境信息公开的绿色创新效应研究——基于《环境空气质量标准》的准自然实验 [J]. 金融研究,2021,496 (10): 134-152.

[84] 王馨,王营. 绿色信贷政策增进绿色创新2021研究 [J]. 管理世界,2021,37 (6): 173-188,11.

[85] 王杏芬. 技术创新补贴绩效监管之博弈困局与破解机制 [J]. 科研管理,2022,43 (7): 77-84.

[86] 王遥,潘冬阳. 中国经济绿色转型中的金融市场失灵问题与干预机制研究 [J]. 中央财经大学学报,2015,11: 29-34.

[87] 魏丽,卜伟. 国家自主创新示范区经济增长促进效应研究 [J]. 科技进步与对策,2018,35 (18): 48-56.

[88] 温忠麟,叶宝娟. 中介效应分析:方法和模型发展 [J]. 心理科学进展,2014,22 (5): 731-745.

[89] 文芳,汤四新. 薪酬激励与管理者过度自信——基于薪酬行为观的研究 [J]. 财经研究,2012,38 (9): 48-58.

[90] 吴晟,武良鹏,吕辉. 绿色信贷对企业生态创新的影响机理研究 [J]. 软科学,2019,33 (4): 53-56.

[91] 吴婷婷,王通达. 绿色信贷能促进企业绿色转型吗? [J]. 中南财经政法大学学报,2023 (5): 31-43.

[92] 吴伟伟,张天一. 非研发补贴与研发补贴对新创企业创新产出的非对称影响研究 [J]. 管理世界,2021,37 (3): 137-160.

[93] 吴绪成,陈诗一,李诗涵. 政府补贴对高新技术企业创新的促进效果研究 [J]. 复旦学报(社会科学版),2023,65 (2): 119-128.

[94] 伍健,田志龙,龙晓枫,等. 战略性新兴产业中政府补贴对企业创新的影响 [J]. 科学学研究,2018,36 (1): 158-166.

[95] 武力超, 王锐, 方心怡, 等. 绿色信贷政策与出口企业绿色技术创新 [J]. 研究与发展管理, 2022, 34 (4): 66-80.

[96] 夏清华, 黄剑. 市场竞争、政府资源配置方式与企业创新投入——中国高新技术企业的证据 [J]. 经济管理, 2019, 41 (8): 5-20.

[97] 谢乔昕, 张宇. 绿色信贷政策、扶持之手与企业创新转型 [J]. 科研管理, 2021, 42 (1): 124-134.

[98] 熊凯军. 我国对外反倾销、政府创新补贴对企业创新的影响 [J]. 国际贸易问题, 2022 (10): 124-139.

[99] 徐保昌, 李佳慧, 李思慧. 中国绿色信贷政策是否刺激了"创新泡沫"产生——企业绿色创新质量视角 [J]. 中国地质大学学报 (社会科学版): 1-17, 2023-09-09.

[100] 徐保昌, 李佳慧, 李思慧. 中国绿色信贷政策是否刺激了"创新泡沫"产生——企业绿色创新质量视角 [J]. 中国地质大学学报 (社会科学版): 1-17, 2023-09-11.

[101] 徐胜, 赵欣欣, 姚双. 绿色信贷对产业结构升级的影响效应分析 [J]. 上海财经大学学报, 2018, 20 (2): 59-72.

[102] 许玲玲, 杨筝, 刘放. 高新技术企业认定、税收优惠与企业技术创新——市场化水平的调节作用 [J]. 管理评论, 2021, 33 (2): 130-141.

[103] 严若森, 陈静, 李浩. 基于融资约束与企业风险承担中介效应的政府补贴对企业创新投入的影响研究 [J]. 管理学报, 2020, 17 (8): 1188-1198.

[104] 晏艳阳, 严瑾. 国家自主创新示范区建设对企业创新的影响研究 [J]. 软科学, 2019, 33 (6): 30-36.

[105] 杨朝飞, 相沢元子. 绿色信贷, 绿色刺激, 绿色革命? (下) ——中国鼓励银行业支持环境保护 [J]. 环境保护, 2010 (2): 30-34.

[106] 杨宏山,张健培. 政策试点何以悬浮?[J]. 治理研究,2023(1):68-80.

[107] 杨宏山. 双轨制政策试验:政策创新的中国经验[J]. 中国行政管理,2013(6):12-15,103.

[108] 杨宏山. 整合治理:中国地方治理的一种理论模型[J]. 新视野,2015(3):28-35.

[109] 杨解君,杨高臣. 打造从政策到法律的补贴制度升级版——以新能源汽车骗补为切入点[J]. 江西社会科学,2017,37(5):187-194.

[110] 杨柳勇,张泽野. 绿色信贷政策对企业绿色创新的影响[J]. 科学学研究,2022,40(2):345-356.

[111] 杨晓妹,刘文龙,王有兴. 政府创新补贴与企业技术创新——兼论补贴合理区间[J]. 财贸研究,2021,32(10):70-83.

[112] 杨杨,杨兵. 税收优惠、企业家市场信心与企业投资——基于上市公司年报文本挖掘的实证[J]. 税务研究,2020(7):86-94.

[113] 杨震宁,李东红,王玉荣. 科技园"温床"与"围城"效应对企业创新的影响研究[J]. 科研管理,2015,36(1):34-42.

[114] 姚林香,彭瑞娟,徐建斌. 异质性政府补贴对企业研发投入与研发产出的非对称影响[J]. 当代财经,2022(10):40-51.

[115] 叶选挺,李明华. 产业政策差异的文献量化研究——以半导体照明产业为例[J]. 公共管理学报,2015(2):145-152.

[116] 余明桂,李文贵,潘红波. 管理者过度自信与企业风险承担[J]. 金融研究,2013(1):149-163.

[117] 岳宇君,马艺璇. 政府补贴、自主创新与企业生产率——基于高新技术企业的实证检验[J]. 云南财经大学学报,2023,39(7):70-85.

[118] 张广婷,任斯南. 高新技术企业所得税优惠的政策效应研究[J]. 复旦学报(社会科学版),2021,63(4):155-164.

[119] 张辉, 刘佳颖, 何宗辉. 政府补贴对企业研发投入的影响——基于工业企业数据库的门槛分析 [J]. 经济学动态, 2016 (12): 28-38.

[120] 张杰. 中国政府创新政策的混合激励效应研究 [J]. 经济研究, 2021, 56 (8): 160-173.

[121] 张劲松, 鲁珊珊. 绿色信贷政策对企业创新绩效的影响 [J]. 统计与决策, 2022, 38 (7): 179-183.

[122] 张明斗, 霍琪炜. 高新技术产业创新水平对经济发展的影响研究 [J]. 哈尔滨商业大学学报 (社会科学版), 2020 (5): 3-20.

[123] 张娆, 路继业, 姬东骅. 产业政策能否促进企业风险承担？[J]. 会计研究, 2019 (7): 3-11.

[124] 张瑞琛, 杨思崟, 宋敏丽, 等. 税收优惠对高新技术企业融资约束的影响研究 [J]. 税务研究, 2022 (6): 102-110.

[125] 张伟, 葛金田. 绿色信贷导向的管理学解释——基于新公共服务理论视角 [J]. 经济问题, 2009 (2): 3-8.

[126] 张笑, 赵明辉, 张路蓬. 政府创新补贴、高管关系嵌入与研发决策——WSR方法论视角下制造业上市公司的实证研究 [J]. 管理评论, 2021, 33 (5): 194.

[127] 章文光, 吴映雄. 国家自主创新示范区创新治理行动者网络构建 [J]. 新视野, 2020 (1): 65-72.

[128] 章元, 程郁, 佘国满. 政府补贴能否促进高新技术企业的自主创新？——来自中关村的证据 [J]. 金融研究, 2018 (10): 123-140.

[129] 赵宝芳, 陈晓丹. 政府创新补贴、风险投资与企业创新——基于信号传递的视角 [J]. 管理评论, 2022, 34 (12): 109-120.

[130] 赵倩倩, 马宗国. 国家自主创新示范区创新生态系统运行机制构建 [J]. 科技管理研究, 2021, 41 (2): 9-15.

[131] 赵雅曼. 国家自主创新示范区对城市高质量创新的影响研究 [D]. 河南: 郑州大学, 2022.

[132] 郑婷婷，王虹，干胜道. 税收优惠与创新质量提升——基于数量增长与结构优化的视角 [J]. 现代财经（天津财经大学学报），2020，40（1）：29-40.

[133] 郑酌基，韩先锋，尹玉平. 区域创新政策对碳排放的影响——基于国家自主创新示范区的准自然实验 [J]. 中国环境科学，2023，43（6）：3255-3264.

[134] 中国工商银行江苏省分行课题组，施刚，戴春林，等. 金融资源配置与产业结构调整——江苏制造业现状与工商银行经营策略研究 [J]. 金融论坛，2008，13（10）：28-34.

[135] 周望. 如何"由点到面"？——"试点—推广"的发生机制与过程模式 [J]. 中国行政管理，2016（10）：111-115.

[136] 周兴云，刘金石. 我国区域绿色金融发展的举措、问题与对策——基于省级政策分析的视角 [J]. 农村经济，2016（1）：103-107.

[137] 周阳敏，桑乾坤. 国家自创区产业集群协同高质量创新模式与路径研究 [J]. 科技进步与对策，2020，37（2）：59-65.

[138] 朱德云，李锴淇. 政府干预、市场竞争与企业自主创新——基于国家自主创新示范区的设立及其政策效应 [J]. 财政科学，2023，91（7）：94-114.

[139] Abadie A, Gardeazabal J. The Economic Costs of Conflict: A Case Study of the Basque Country [J]. The American Economic Review, 2003, 93（1）：113-132.

[140] Benner M J, Tushman M L. Exploitation, Exploration, and Process Management: The Productivity Dilemma Revisited [J]. Academy of Management Review, 2003, 28（2）：238-256.

[141] Brandt L, Li H. Bank Discrimination in Transition Economies: Ideology, Information, or Incentives? [J]. Journal of Comparative Economics, 2003, 31（3）：387-413.

[142] Busom I, B Corchuelo, and E Martínez-Ros. Dynamics of Firm Participation in R&D Tax Credit and Subsidy Programs [J]. SSRN Electronic Journal, 2015.

[143] Castellacci F, C Lie. Do the Effects of R&D Tax Credits Vary across Industries? A Meta-regression Analysis [J]. Research Policy, 2015, 44 (4): 819 – 832.

[144] Choi J, Lee J. Repairing the R&D Market Failure: Public R&D Subsidy and the Composition of Private R&D [J]. Research Policy, 2017, 46 (8): 1465 – 1478.

[145] Clark A E. Unemployment as a Social Norm: Psychological Evidence from Panel Data [J]. Journal of Labor Economics, 2003, 21 (2): 323 – 351.

[146] Clausen T H. Do Subsidies Have Positive Impacts on R&D and Innovation Activities at the Firm Level? [J]. Structural Change and Economic Dynamics, 2009, 20 (4): 239 – 253.

[147] Crespi G, Giuliodori D, Giuliodori R, et al. The Effectiveness of Tax Incentives for R&D + i in Developing Countries: The Case of Argentina [J]. Research Policy, 2016, 45 (10): 2023 – 2035.

[148] Cressy R, Olofsson C. European SME Financing: An Overview [J]. Small Business Economics, 1997: 87 – 96.

[149] d'Andria D, Savin I. A Win-Win-Win? Motivating Innovation in a Knowledge Economy With Tax Incentives [J]. Technological Forecasting and Social Change, 2018, 127: 38 – 56.

[150] Dimos C, Pugh G. The Effectiveness of R&D Subsidies: A Meta-regression Analysis of the Evaluation Literature [J]. Research Policy, 2016, 45 (4): 797 – 815.

[151] Dollery B E, Wallis J L. Market Failure, Government Failure,

Leadership and Public Policy [J]. Journal of Interdisciplinary Economics, 1997, 8 (2): 113-126.

[152] Dundas K N M, Richardson P R. Corporate Strategy and the Concept of Market Failure [J]. Strategic Management Journal, 1980, 1 (2): 177-188.

[153] Frances Stokes Berry, William D Berry. State Lottery Adoptions as Policy Innovations: An Event History Analysis [J]. American Political Science Review, 1990, 84 (2): 395-415.

[154] Gaillard-Ladinska E, Non M, Straathof B. More R&D with Tax Incentives [J]. A Meta-Analysis, CPB Netherlands Bureau for Economic Policy Analysis, 2015.

[155] Gao Y, Hu Y, Liu X, et al. Can Public R&D Subsidy Facilitate Firms' Exploratory Innovation? The Heterogeneous Effects between Central and Local Subsidy Programs [J]. Research Policy, 2021, 50 (4): 104221.

[156] Golant Benjamin D, Sillince John A. The Constitution of Organizational Legitimacy: A Narrative Perspective [J]. Organization Studies, 2007, 28 (8): 1149-1167.

[157] Gompers P, Lerner J. The Venture Capital Revolution [J]. Journal of Economic Perspectives, 2001, 15 (2): 145-168.

[158] Gunawong P, Gao P. Understanding E-government Failure in the Developing Country Context: A Process-oriented Study [J]. Information Technology for Development, 2017, 23 (1): 153-178.

[159] Heilmann, S. Policy Experimentation in China's Economic Rise [J]. Studies in Comparative International Development, 2008, 43 (1): 1-26.

[160] Hu G, Wang X, Wang Y. Can the Green Credit Policy Stimulate Green Innovation in Heavily Polluting Enterprises? Evidence from a Quasi-natural Experiment in China [J]. Energy Economics, 2021, 98: 105134.

[161] Huang Z, Liao G, Li Z. Loaning Scale and Government Subsidy for Promoting Green Innovation [J]. Technological Forecasting and Social Change, 2019, 144: 148 - 156.

[162] Jacobson L S, Lalonde R J, Sullivan D G. Earning Losses of Displaced Workers [J]. American Economic Review, 1993, 83: 11 - 92.

[163] Jaffe A B, Newell R G, Stavins R N. A Tale of Two Market Failures: Technology and Environmental Policy [J]. Ecological Economics, 2005, 54 (2 - 3): 164 - 174.

[164] Janeway W H. Doing Capitalism in the Innovation Economy: Markets, Speculation and the State [M]. Cambridge: Cambridge University Press, 2012.

[165] John K, Litov L, Yeung B. Corporate Governance and Risk-Taking [J]. Journal of Finance, 2008, 63 (4): 1679 - 1728.

[166] Kanniainen V, Keuschnigg C. The Optimal Portfolio of Start-up Firms in Venture Capital Finance [J]. Journal of Corporate Finance, 2003, 9 (5): 521 - 534.

[167] Kaplan S N, L Zingales. Do Investment-Cash Flow Sensitivities Provide Useful Measures of Financing Constraints? [J]. The Quarterly Journal of Economics, 1997, 112 (1): 169 - 215.

[168] Kelly M, Hageman A. Marshallian Externalities in Innovation [J]. Journal of Economic Growth, 1999, 4: 39 - 54.

[169] Kleer R. Government R&D Subsidies as a Signal for Private Investors [J]. Research Policy, 2010, 39 (10): 1361 - 1374.

[170] Klette T J, Møen J, Griliches Z. Do Subsidies to Commercial R&D Reduce Market Failures? Microeconometric Evaluation Studies [J]. Research Policy, 2000, 29 (4 - 5): 471 - 495.

[171] Krueger A O. Government Failures in Development [J]. Journal

of Economic Perspectives, 1990, 4 (3): 9-23.

[172] Lan F, Liu T, Li M. Research on the Influence of Constructing National Innovation Demonstration Zone on Urban Innovation Level in China [J]. Emerging Markets Finance and Trade, 2022, 58 (14): 4162-4171.

[173] Le Grand J. The Theory of Government Failure [J]. British Journal of Political Science, 1991, 21 (4): 423-442.

[174] Ledyard J O. Market Failure [M] //Allocation, Information and Markets. London: Palgrave Macmillan UK, 1989: 185-190.

[175] Lerner J. The Empirical Impact of Intellectual Property Rights on Innovation: Puzzles & Clues [J]. American Economic Review, 2009, 99 (2): 343-348.

[176] Li P, Lu Y, Wang J. Does Flattening Government Improve Economic Performance? Evidence from China [J]. Journal of Development Economics, 2016, 123 (c): 18-37.

[177] Liefner I, Kroll H, Peighambari A. Research-driven or Party-promoted? Factors Affecting Patent Applications of Private Small and Medium-sized Enterprises in China's Pearl River Delta [J]. Science and Public Policy, 2016, 43 (6): 849-858.

[178] Liu F, Fan Y, Yang S. Environmental Benefits of Innovation Policy: China's National Independent Innovation Demonstration Zone Policy and Haze Control [J]. Journal of Environmental Management, 2022, 317: 115465.

[179] Louise G White. Policy Analysis as Discourse [J]. Journal of Policy Analysis & Management, 1994, 13 (3): 506-525.

[180] Lu Y, Gao Y, Zhang Y, et al. Can the Green Finance Policy Force the Green Transformation of High-polluting Enterprises? A Quasi-natural Experiment Based on "Green Credit Guidelines" [J]. Energy Economics, 2022, 114: 106265.

[181] Mazzucato M, Semieniuk G. Public Financing of Innovation: New Questions [J]. Oxford Review of Economic Policy, 2017, 33 (1): 24 – 48.

[182] Meuleman M, De Maeseneire W. Do R&D Subsidies Affect SMEs' Access to External Financing? [J]. Research Policy, 2012, 41 (3): 580 – 591.

[183] Minford L, Meenagh D. Testing a Model of UK Growth: A Role for R&D Subsidies [J]. Economic Modelling, 2019, 82: 152 – 167.

[184] Pakes A, Schankerman M A. An Exploration into the Determinants of Research Intensity [Z]. Social Science Electronic Publishing, 1984.

[185] Porter M E, Linde C. Toward a New Conception of the Environment-competitiveness Relationship [J]. Journal of Economic Perspectives, 1995, 9 (4): 97 – 118.

[186] Randall A. The Problem of Market Failure [J]. Natural Resources Journal, 1983, 23 (1): 131 – 148.

[187] Stiglitz J E. Markets, Market Failures, and Development [J]. The American Economic Review, 1989, 79 (2): 197 – 203.

[188] Suchman M C. Managing Legitimacy: Strategic and Institutional Approaches [J]. Academy of Management Review, 1995: 571 – 610.

[189] Tan X, Yan Y, Dong Y. Peer Effect in Green Credit Induced Green Innovation: An Empirical Study from China's Green Credit Guidelines [J]. Resources Policy, 2022, 76: 102619.

[190] Tian B, Lin C, Zhang W, et al. Tax Incentives, On-the-job Training, and Human Capital Accumulation: Evidence from China [J]. China Economic Review, 2022, 75: 101850.

[191] Witt U. Innovations, Externalities & the Problem of Economic Progress [J]. Public Choice, 1996, 89 (1 – 2): 113 – 130.

[192] Yang Y, Nie P. Subsidy for Clean Innovation Considered Techno-

logical Spillover [J]. Technological Forecasting and Social Change, 2022, 184: 121941.

[193] Zhang S, Wu Z, He Y, et al. How Does the Green Credit Policy Affect the Technological Innovation of Enterprises? Evidence from China [J]. Energy Economics, 2022, 113: 106236.

致 谢

衷心感谢山东大学李欣泽副教授在本书写作过程中给予的宝贵指导。李欣泽副教授在理论框架、研究方法以及章节安排上提供了许多宝贵的意见，使本书的内容更加丰富和严谨。她的细致指导和专业建议对我们完成这项工作起到了至关重要的作用。在此，向李欣泽副教授表示诚挚的感谢。

图书在版编目（CIP）数据

高新技术产业科技政策对研发与创新的影响机制及其效应研究：以江苏省为例 / 洪世勤，王玉璋，李星颖著. -- 北京：经济科学出版社，2024. 12. -- ISBN 978-7-5218-6430-4

Ⅰ. F279.275.3

中国国家版本馆 CIP 数据核字第 2024MB2861 号

责任编辑：初少磊
责任校对：杨　海
责任印制：范　艳

高新技术产业科技政策对研发与创新的影响机制及其效应研究：以江苏省为例

GAOXIN JISHU CHANYE KEJI ZHENGCE DUI YANFA YU CHUANGXIN DE YINGXIANG JIZHI JIQI XIAOYING YANJIU：YI JIANGSUSHENG WEILI

洪世勤　王玉璋　李星颖　著

经济科学出版社出版、发行　新华书店经销
社址：北京市海淀区阜成路甲 28 号　邮编：100142
总编部电话：010-88191217　发行部电话：010-88191522
网址：www.esp.com.cn
电子邮箱：esp@esp.com.cn
天猫网店：经济科学出版社旗舰店
网址：http://jjkxcbs.tmall.com
北京联兴盛业印刷股份有限公司印装
710×1000　16 开　12.75 印张　210000 字
2024 年 12 月第 1 版　2024 年 12 月第 1 次印刷
ISBN 978-7-5218-6430-4　定价：56.00 元
（图书出现印装问题，本社负责调换。电话：010-88191545）
（版权所有　侵权必究　打击盗版　举报热线：010-88191661）
QQ：2242791300　营销中心电话：010-88191537
电子邮箱：dbts@esp.com.cn）